Découvrez l'histoire par les archives de presse

RETRONEWS

Le site de presse de la BnF

www.retronews.fr

L'AÉRONAUTE

34e ANNÉE. — N° 12. — DÉCEMBRE 1901

SOCIÉTÉ FRANÇAISE DE NAVIGATION AÉRIENNE

———— •⊙• ————

Séance du 28 Novembre 1901.

La Séance est ouverte à 9 heures sous la présidence de M. le Prince Roland Bonaparte, Président.

Le procès-verbal de la dernière séance est lu et adopté.

La parole est ensuite donnée à M. le Secrétaire général pour le dépouillement de la correspondance qui comprend :

Une invitation de l'Auto-Club de France, une brochure de M. Sévero sur les nouvelles expériences de ballon dirigeable qu'il va faire prochainement. Une lettre de l'Argus Suisse, demandant l'échange de l'abonnement de son journal avec l'Aéronaute. Une lettre de M. E. Wagner, secrétaire, parti à New-York pour trois ans, annonçant à la Société qu'il la tiendra au courant de toutes les inventions nouvelles intéressant l'aéronautique qui se feront en Amérique, et demandant également qu'on le tienne au courant de ce qui se passera en France.

M. E. Wagner est proposé comme délégué de la Société à New-York.

Une lettre de M. Emile Wenz donnant des détails sur un nouveau cerf-volant photographique avec suspension spéciale. Un second cerf-volant placé sous le premier fait fonction de parachute en cas d'accident et protège ainsi les instruments emportés. Quelques photographies projetées par M. Simon's complètent cette lettre.

Une lettre de M. Pouget de Lille annonçant à la Société qu'il va faire un voyage à long cours en ballon et demandant de lui procurer des cartes de l'Europe.

La correspondance étant épuisée, la parole est donnée à M. de Fonvielle qui rend compte des nombreux services qu'à déjà rendue et que rendra encore la Tour Eiffel dans les concours de ballon.

Dans cette admirable construction en fer mise gracieusement à notre disposition, on pourrait placer aux différentes plateformes, des instruments d'observation. De sorte qu'au moment du concours on pourrait enregistrer avec précision la direction et la vitesse des vents ainsi que les différentes hauteurs et les situations exactes de l'aérostat. L'on pourrait, par la suite, en faire des graphiques qui donneraient un résultat certain.

Quelques expériences faites à l'imprévu au moment des expériences de Santos l'ont prouvé largement.

M. de Fonvielle fait également part à la Société des causes qui ont empêché de faire cette année comme aux années précédentes des ascensions pour les étoiles filantes.

Les dispositions ont été prises trop tard.

M. le Président et l'auditoire remercient l'orateur par de nombreux applaudissements.

Il est procédé ensuite par vote secret à la réélection de M. Armengaud, ancien membre, qui à l'unanimité est réélu. M. Armengaud, présent, remercie M. le Président et les membres de la Société.

La parole est ensuite donnée à M. le Dr Guglielminetti qui, tout en comparant le mal de montagne au mal de ballon, nous fait assister à une véritable ascension au sommet du Mont-Blanc, qu'il a faite lui-même à la fin du mois d'août et commencement de septembre pour étudier sur place le mal de montagne.

De nombreuses vues projetées par M. Simon's complètent les explications de l'orateur. Ce voyage très intéressant a coûté malheureusement la vie à plusieurs membres de l'expédition, pour lesquels M. le Dr Guglielminetti adresse les plus grands éloges; ils sont morts tous, dit-il, victimes de la Science.

Cette intéressante communication est terminée par un hommage rendu aux aéronautes morts pour cette même et noble cause. M. le Président et l'auditoire remercient M. le Dr Guglielminetti en applaudissant fortement.

La parole est ensuite donnée à M. Carton, aéronaute, qui nous entretient des ascensions qu'il vient de faire au Parc de l'Aéro-Club Viennois avec M. Silberer. M. Carton a été envoyé au Prater pour instruire les membres de cette nouvelle Société. Le récit de tous ses voyages est très intéressant et les applaudissements ne lui sont pas épargnés lorsqu'il termine sa communication.

M. de Fonvielle fait remarquer à l'auditoire que M. Carton est un des principaux lauréats des concours de l'Exposition de 1900.

La parole est ensuite donnée à M. Bousson qui nous entretient de ses ailes élévatrices et propulsives. Mais les ailes sont trop grandes pour être présentées en séance, rendez-vous est donné à 2 heures, le mardi 3 décembre, pour la démonstration.

L'ordre du jour étant épuisé à onze heures 1/2, la Séance est levée.

Le Secrétaire :
L. HOUDAR.

Séance du Comité du 12 décembre.

La Séance est ouverte à 9 heures, sous la Présidence de M. de Fonvielle.

Présentations :

MEMBRE TITULAIRE : M. Saunière, membre associé.
MEMBRES ASSOCIÉS : MM. Carton, présenté par M. Triboulet et de Fonvielle.
Le docteur Henocque, présenté par les mêmes.
Bacon, présenté par MM. Saunière et Triboulet.
Borde, présenté par les mêmes.
Bellamy. présenté par MM. Triboulet et Dumoutet.

Démission :

M. Soreau, Membre titulaire.
M. le docteur de Malherbe présente un mémoire très intéressant sur la locomotion aérienne suivi de la description et du plan d'un aviateur à hélices conjuguées, ce travail est déposé aux archives.
Sont également déposées aux archives, les communications faites par M. Armengaud sur les expériences de M. Santos-Dumont.
(Procès-verbal de la Séance du 22 novembre 1901 à la Société des Ingénieurs Civils, Académie des Sciences des 25 novembre et 9 décembre). Voir à la suite du procès verbal.
M. Vialatte, inventeur d'une hélice, propose de prendre date pour faire des essais devant les membres de la Société, ces essais se font actuellement sur la Seine, au-dessus du pont du chemin de fer d'Asnières. Ce propulseur qui marche aujourd'hui dans l'eau peut aussi s'appliquer dans l'air.
M. Ballé présente un modèle d'hélicoptère, il est invité à présenter son appareil dans la prochaine séance publique.
Il est présenté également un modèle de ballon plat par M... rien de nouveau dans cet appareil.
Rapport de M. Cassé sur l'appareil de M Eray Albert, modèle, construit, 3 moteurs électriques ne pesant ensemble que 200 kilogs et de la force de 30 chevaux, rendement 90 o/o, accumulateurs Système Krebs, la forme de l'aérostat est celle d'un limande, le rapport des axes étant de 140 à 100, le rapporteur est favorable au système de M. Eray bien qu'un peu compliqué dans ses détails.
M. M... Inventeur d'un projet d'aérostat Cylindro-Conique

réclame de la Société son avis sur l'invention présentée — L'avis des constructeurs membres de la Société est que l'appareil n'est pas construisable. -

Lettre de M. Degouet sur les applications du cerf-volant à la navigation maritime, bouée flottante et falot lumineux. Cette question est renvoyée à l'étude de la section compétente

M. Manuel Rivera, de Madrid, adresse à la Société, quelques renseignements au sujet de l'appareil qu'il a présenté, les matériaux dont dispose aujourd'hui l'aéronautique étant de nature a faciliter son projet.

Acte est donné à M. Sibillot d'un numéro du *Petit Var*, contenant la description de son aéro-croiseur à carapace rigide sur membrures d'aluminium.

M. G... âgé de 18 ans, présente sa candidature comme membre associé de la Société. — Statutairement, il faut avoir 21 ans pour être admis.

Programme des cours de l'Aéronautique-Club de France par M. Saunière, Président.

Lettre du Club de Gabinete de Leitura de Campanha Porto. — Cosmos, 14 décembre 1901. — Contribution à l'étude expérimentale de l'Aviation par M. Claude, lauréat du Concours d'appareils d'aviation plus lourds que l'air, au vélodrome du Parc des Princes. L'appareil de M. Claude démontre, que l'effort de soulèvement de l'hélice est exactement égal au poids à soulever.

Nous rendrons compte dans le prochain bulletin du résultat du Concours d'aviation de l'année 1901.

M. Armengaud Jeune expose qu'ayant suivi la plupart des expériences de M. Santos-Dumont et assisté à l'épreuve décisive qui lui a fait gagner le prix dû à la libéralité de M. Deutsch, il a pensé qu'il était en mesure de traiter devant la Société la question de la direction des ballons aujourd'hui entrée dans une voie qui doit fixer l'attention des ingénieurs.

On s'accorde à reconnaître que, dans ces expériences, c'est le moteur qui a joué le rôle le plus important et que c'est grâce à l'application des moteurs à mélange tonnant, résolue par M. Santos-Dumont, que ce dernier a pu remplir les conditions d'un programme dont personne ne conteste le caractère ardu et périlleux.

Mais, tout en rendant hommage à la laborieuse ténacité

et à l'indomptable courage de M. Santos-Dumont, et en se plaçant sur le terrain purement technique, il y a lieu de rechercher la contribution que les travaux du jeune Brésilien ont apporté à la solution du problème de la conquête de l'air.

M. Armengaud Jeune passe en revue les diverses expériences de M. Santos-Dumont, puis rappelle les tentatives de ses devanciers, MM. Giffard, Dupuy-de-Lôme, Tissandier, et insiste particulièrement sur les essais démonstratifs de MM. Renard et Krebs en 1884 et 1885. C'est surtout en comparaison avec les résultats acquis par ces savants officiers qu'il discute les résultats obtenus par M. Santos-Dumont. A cet effet, il analyse les circonstances de la dernière épreuve du 19 octobre et il recourt à trois moyens pour déterminer, avec une approximation qui lui parait très acceptable, quelle a été la vitesse propre de l'aéronef de M. Santos-Dumont.

1º Arithmétiquement, par un calcul numérique des plus simples, en comptant les distances mesurées sur la carte, et en prenant les temps du passage de l'aérostat à différents points du parcours, on trouve que la vitesse réelle de l'aérostat projeté sur le sol a varié entre 13,60 m pour l'aller et 4,46 m pour le retour, que ces mesures soient prises sur des portions ou sur l'ensemble du parcours. Il en résulte qu'en supposant que la vitesse du vent a oscillé entre 4,50 m et 5,50 m, mesures prises à différentes hauteurs aux anémomètres de la Tour Eiffel, la vitesse relative de l'aérostat dans le courant d'air, c'est-à-dire sa vitesse propre, celle qu'il aurait en air calme, a nécessairement atteint une valeur entre 8 m et 9 m.

On arrive au même résultat en faisant le calcul comme pour les bateaux, ce qui donne une moyenne éliminant la vitesse du courant, supposée constante, pendant le trajet. Mais, dans la réalité, la vitesse propre de l'aérostat dans l'air a toujours été plus grande, puisqu'il a marché avec un certain tangage qui l'inclinait sur l'horizon.

2º Géométriquement, par une méthode graphique, on vérifie les résultats qui précèdent, en étudiant la projection sur le sol de la trajectoire de l'aérostat qui a pu être tracée avec assez d'exactitude, en s'aidant des renseignements puisés près des personnes qui se sont trouvées échelonnées sur le parcours et ont noté l'heure du passage du ballon au zénith au-dessus de leur tête.

3° Algébriquement, M. Armengaud a étudié la marche de l'aérostat de M. Santos-Dumont, en ayant recours d'abord aux formules données par M. le colonel Renard. Pour cela, il a admis que le moteur à quatre cylindres, construit par M. Buchet, et installé sur la poutre armée de l'aérostat de M. Santos-Dumont, avait fourni une puissance variant de 16 à 20 *ch*, selon que la carburation par le carburateur à niveau constant a pu se faire plus ou moins régulièrement, et il a supposé que la force de propulsion de l'hélice était de 70 *kg*. Dans ce cas, il a trouvé pour la vitesse propre environ 10 mètres.

En appliquant les équations de M. Duroy de Bruignac, on trouve pour la vitesse propre théorique du Santos Dumont 9,3 *m*.

La concordance de tous ces résultats et calculs permet à M. Armengaud d'assurer d'une façon catégorique que la vitesse propre obtenue par M. Santos Dumont a certainement atteint 8,50 *m*. C'est là un gain de plus de 2 *m* sur le ballon « La France » du parc de Chalais et, par conséquent, c'est un progrès considérable.

M. Armengaud étudie ensuite la question de la stabilité de route de l'aérostat. Il indique entre quelles limites a dû varier l'inclinaison dans un plan azimuthal (ce qui correspond au tangage) à l'aide du couple de renversement qui est d'autant plus grand que l'arbre de l'hélice est plus éloigné de la droite passant par le centre de pression du ballon. La formule, donnée par M. Soreau dans un Mémoire présenté à la Société, permet de calculer l'angle de déviation.

M. Armengaud traite ensuite l'application, aux aérostats dirigeables, des moteurs légers par l'électricité, la vapeur et le mélange tonnant. Il fait connaître, pour les moteurs à hydrocarbure, les résultats de l'enquête qu'il a faite près des principaux constructeurs d'automobiles. Il termine en formulant les règles qui, selon lui, doivent être adoptées dans la construction des futurs ballons dirigeables, et notamment les suivantes :

1° Rapprocher le plus possible l'arbre de l'hélice motrice de l'axe de l'aérostat ;

2° Laisser toutefois entre cet axe, qui passe par le centre de pression, et le centre de gravité un intervalle assez grand pour avoir de la stabilité par le couple de rappel;

3° Pour rendre plus immédiat l'effet du couple de rappel, surtout dans le cas des petits aérostats, y ajouter un couple de redressement auxiliaire obtenu par le déplacement, soit d'un poids mobile, soit du guide-rope, comme l'a fait M. Santos-Dumont.

4° Pour les gros aéronefs, employer deux hélices de pro pulsion, l'une à l'avant et l'autre à l'arrière, en les commandant par des moteurs distincts.

Cette dernière indication est empruntée au nouvel aéronef que fait construire M. Santos-Dumont pour son voyage au-dessus de la Méditerranée. Les Membres de la Société seront certainement unanimes dans les vœux à adresser au hardi aéronaute brésilien pour qu'il triomphe dans sa nouvelle et hasardeuse entreprise Les tentatives récentes de MM. Henri de la Vaulx et de Castillon de Saint-Victor peuvent inspirer l'idée d'annexer un jour le déviateur et le stabilisateur de M. Hervé aux dirigeables qui auront à voyager au-dessus des mers.

M. Santos-Dumont a-t-il fait faire, oui ou non, un pas de plus à la science de l'aéronautique? C'est au point de vue technique qu'on doit, avant tout, se placer à la Société des Ingénieurs Civils.

Si MM. Renard et Krebs ont pu, dans les ascensions qui n'ont pas été répétées depuis 1885, diriger en revenant au point de départ, un aérostat muni d'un moteur électrique, M. Santos-Dumont, par une manifestation éclatante, a démontré la possibilité de diriger un aérostat, muni d'un moteur à mélange tonnant, en atteignant un but fixé à l'avance et en revenant au point de départ, dans un temps également déterminé. Il a, en quelque sorte, maîtrisé l'espace et le temps. Avec la simple vitesse de 6,5o *m* il est facile de voir que le ballon « La France » aurait mis environ une heure pour faire le trajet aller et retour, que M. Santos-Dumont a accompli en une demi-heure, grâce à une vitesse propre moyenne de 8,5o *m*.

Depuis l'épreuve du 19 octobre, on commande des ballons dirigeables et une course se prépare pour l'an prochain. M. Santos-Dumont aura donc donné naissance à une nouvelle industrie qui sera celle de la locomotion aérienne.

Les découvertes fécondes en aéronautique demeurent éminemment françaises et ne perdent pas ce caractère avec M. Santos-Dumont, qui, ainsi que l'indique son nom, a du sang français dans les veines. On doit lui être reconnaissant d'avoir choisi notre pays pour champ de ses audacieuses expériences qui lui assurent, à côté de MM. Renard et Krebs, une gloire impérissable dans l'histoire de la navigation aérienne.

Sur le même sujet M. Duroy de Bruignac, de Versailles, a aussi envoyé la lettre suivante :

La discussion de vendredi sur l'aéronautique a mis en lumière ce fait connu, que les chercheurs se laissent souvent absorber par leur idée au point de recommencer les fautes de leurs devanciers et de profiter peu de leur acquis.

Je voudrais, à cette occasion, rappeler aux chercheurs les desiderata principaux et les moyens déjà indiqués pour les atteindre. Si ces moyens ne paraissent pas les meilleurs, du moins ils engageront à chercher.

Voici d'abord les desiderata : Forme précise ; pas de tangage ; stabilité ; résistance minima au vent relatif ; ne perdre ni gaz ni lest.

Si la forme a une importance énorme au point de vue de la résistance à l'avancement, et on ne saurait le contester, il faut que la forme adoptée, que je suppose bonne, soit conservée. Pour cela, il faut que la pression du gaz dans l'aérostat reste au maximum admis pour la résistance de l'étoffe. L'appendice devrait être fermé par une soupape réglée à cette pression. Lorsque cette soupape donnerait passage au gaz, celui-ci se rendrait, par un tube étanche, dans une outre souple contournant la nacelle à l'intérieur. Lorsqu'on voudrait rendre le gaz à l'aérostat, par un appareil convenable, le poids des parois de l'outre faciliterait le retour du gaz. — On comprend que ce déplacement du gaz ne change rien à la sustentation. — Bien que ce jeu du gaz pût dispenser du ballonnet, il est prudent de le conserver.

On sait qu'un faible écart de poids fait beaucoup varier l'altitude. Ainsi une différence de quelques kilos déplace verticalement de 5oo m un aérostat portant 1.ooo kg. Ce faible écart ne pourrait-il pas être obtenu par compression d'air, soit dans le ballonnet, soit ailleurs ? Si l'air du ballonnet avait une certaine tension au départ, il y aurait là une réserve de force ascensionnelle.

Le tangage ne nuit pas seulement à la stabilité, il accroît beaucoup la résistance en augmentant l'angle d'incidence du vent relatif. Le tangage est dû principalement au couple horizontal résultant de la propulsion de l'hélice et de la résistance du ballon. Il paraît essentiel que l'axe de propulsion corresponde à l'axe principal de résistance. On peut l'obtenir de deux manières :

1º Avec deux ballons conjugués, l'axe de l'hélice étant dans le plan horizontal des axes des ballons et dans le plan vertical de symétrie. Le moteur serait dans la nacelle, avec transmission à l'hélice par courroie. Quelques-uns des liens de la nacelle au ballon seraient rigides pour empêcher leur rapprochement. Ce système aurait le grand avantage de permettre une voile horizontale tendue au-dessus des ballons, et formant parachute toujours prêt en cas d'accident ;

2º Avec un seul ballon. Dans ce cas, il ne serait aucunement nécessaire que l'axe de l'hélice traversât l'aérostat. Cet axe serait remplacé presque entièrement par un cadre entourant l'aérostat, et qu'il serait facile de faire rigide et léger. Le moteur serait toujours dans la nacelle, etc.

Au point de vue de la résistance à l'avancement, l'aérostat doit être aussi effilé que d'autres considérations le permettent. La nacelle pareillement. Elle doit être entourée d'une étoffe bien lisse et tendue pour diminuer la résistance de rencontre et le frottement. Il serait même bon de renfermer les agrès dans des gaines offrant les mêmes avantages.

Avec ces diverses dispositions, la stabilité serait très bonne.

*
* *

La *Commission Permanente Internationale d'Aéronautique* vient d'adopter dans sa dernière séance le texte du projet de réglementation des ascensions en aérostat libre qui lui était présenté par la sous-commission du *Brevet d'Aéronaute*. Elle a entendu à ce propos un remarquable rapport de jurisconsulte de cette sous-commission, M. du Laurens de la Barre, chargé d'examiner le texte des résolutions votées.

On sait que le travail de la Commission a été dressé en vue d'amener le plus grand nombre possible d'Etats à réglementer uniformément dans un sens libéral la profession et le sport aéronautiques, afin d'assurer en leur faveur le minimum des libertés nécessaires à leur développement. La question controversée de l'opportunité du caractère national ou international du réglement à intervenir, a été résolue par M. du Laurens de la Barre au moyen de la répartition des résolutions de la Commission en deux projets, l'un *d'entente internationale*, sorte de code de principes, l'autre de *règlement national*, susceptible de servir de type de dispositions complémentaires pour les autres États.

De plus, l'observation des lois de police et de sûreté en vigueur dans chaque État, a été réservée ; la concession d'équivalence, qui donne à l'aéronaute, dans chacun des Etats où son brevet la lui confère, les mêmes droits qu'aux aéronautes brevetés par cet Etat sera une mesure générale ; enfin divers autres points, tels que le caractère obligatoire du brevet pour les Etats contractants, ont été précisés ou définis.

Le Secrétaire-Rapporteur,
HENRI HERVÉ,

*
* *

Vendredi dernier 27 décembre, à huit heures et demie du soir, a eu lieu la séance solennelle de la conférence Ampère sous la présidence de M. Emile Massard, directeur de la *Patrie*, à l'hôtel des Sociétés Savantes, 8, rue Danton,

Le président-fondateur, M. F. Lagarde de Cardelus a fait une allocution et M. Latruffe, président de l'Aéro-Club Montmartrois, le récit de la « traversée de la Manche en ballon » à bord du ballon *La Patrie*.

Un brillant programme musical a agrémenté la soirée.

M. Massard a terminé la conférence par le récit très humoristique d'une ascension qu'il a faite avec un aéronaute forain, chamarré de décorations et médailles, la nacelle d'osier dans laquelle il se tenait avec ce professionnel était une ancienne cage à poule, dont le fond était si peu solide qu'il fallut s'asseoir sur le bordage pour ne pas passer au travers et être projeté dans le vide. Une longue ovation a été faite à M. E. Massard.

NÉCROLOGIE

M. Jacques-Edmond Turbiaux, aéronaute du siège de Paris, décédé le 18 décembre 1901 à l'âge de 64 ans, en son domicile 5, rue Lécluse, à Paris.

Le 18 janvier 1871, à 3 h. 30 du matin, de la gare du Nord, partit le ballon *La Poste de Paris* avec Turbiaux pour pilote, M. Clairet adjoint au maire du III° arrondissement et Cavailhon; 3 pigeons et 70 kilogs de dépêches.

Parti dans la direction Nord, le ballon fit le voyage le plus rapide de tous ceux partis de Paris, en 7 heures il atterrissait à Veuray, dans le Luxembourg hollandais, après avoir parcouru 640 kilomètres.

MM. Dartois et Yon auraient désiré appeler cet aérostat *Le Rampon*, afin de rendre un hommage public au dévouement à la cause patriotique et à la véritable intelligence dont faisait preuve depuis le commencement du siège, le directeur de l'administration des postes.

L'honorable M. Rampon remercia nos deux collègues de l'offre gracieuse qui lui était faite; l'administration des Postes de Paris, dit-il, ayant coopéré tout entière à l'œuvre dont on voulait si bien le louer, c'est M. Rampon lui-même qui baptisa le ballon *La Poste de Paris*.

Lors de l'inauguration du monument qui fut élevé en Hollande en souvenir de la descente de Turbiaux, dont les habitants ont conservé le plus vif souvenir. Turbiaux reçut dans ce pays la plus chaude réception et la plus agréable pour tous cœurs français.

M. Louis-Charles Van Roosebeke, né à Courtray, le 7 septembre 1831, décédé le 30 décembre 1901, aéronaute colombophile du siège de Paris, décoré de la médaille militaire. — On sait que M. Van Roosebeke était parti en ballon le 12 octobre 1870 de la gare d'Orléans, dans le ballon le *Washington*, avec MM. Berteaux et Lefebvre pour organiser le service des pigeons pendant le siège de Paris. — L'inhumation a eu lieu au cimetière du Kremlin-Bicêtre.

Nous envoyons à leur famille nos sincères compliments de condoléance, pour nous même et pour tous les membres de la Société.

LISTE ALPHABÉTIQUE
des communications publiées dans l'*Aéronaute* PENDANT L'ANNÉE 1901
34ᵉ ANNÉE DE PUBLICATION

— Note concernant la construction d'un cerf-volant pour recherches scientifiques. Explorations atmosphériques et Relevés photographiques. — *Juin*, p. 131. — (Une vignette dans le texte).

Y. de Raismes. — Compte Rendu de son ascension du 7 Juin 1901. — *Juillet*, p. 157.

Commandant P. Renard. — Discours prononcé à la Commission Permanente d'Aéronautique dans sa séance du 18 Juillet 1901 au sujet des expériences de direction aérienne de M. Santos-Dumont. — *Octobre*, p. 234.

J. Richard. — Statoscope pour ballons. — *Juillet*, p. 153.

Ch. Roux. — Résumé d'un mémoire présenté au Congrès International d'Aéronautique de 1900 sur le titre *Aviation*. — *Mars*, p. 66.

Senouque. — Observations astronomiques par la mission de M. de la Beaume Pluvinel, aux îles de Sumatra. — *Août*, p 177.

Société Française de Navigation aérienne. — **Résumé des séances.** — *Séance du 24 janvier 1901.* — Rapport sur les travaux de la Société durant la session de 1900, par M. Triboulet, secrétaire général. — Rapport sur la situation financière de la Société, par M. Vernanchet, trésorier. — Vote sur le renouvellement annuel du bureau pour la session de 1901. — Vote de remerciements à M. G. Van Roosebeke pour sa collaboration dévouée à l'*Aéronaute*. — *Février*, p. 29.

Séance du 14 février 1901. — Diverses lettres et plusieurs mémoires ayant trait à l'aéronautique. — *Mars*, p. 54.

Séance du 28 février 1901. — Allocution de M Janssen, présent sortant. — Allocution de M. le prince Roland Bonaparte, président pour 1901. — Compte rendu par M. Firmin Bousson des études auxquelles il s'est livré sur le vol des oiseaux et qui l'ont conduit à la construction de son appareil dénommé *Auto-Aviateur*. — Communication de Mlle Dorothée Klumpké sur le programme des ascensions astronomiques en 1901. — *Mars*, p. 56.

Séance du 21 mars 1901. — Lettre de M. Josselin sur l'utilisation des influences du magnétisme terrestre comme indicateur de route lorsque le ballon se trouve séparé de la terre par les nuages ou dans la nuit. — *Avril*, p. 77.

Séance du 28 mars 1901. — Lecture du travail de M. Marc de Villiers sur les aérostiers militaires en Egypte. — Communication par M. L. Van Roosebeke sur la poste aérienne pendant le siège de Paris, 1870 71. — Après avoir confié des pigeons à titre d'essai, aux 2ᵉ, 3ᵉ et 4ᵉ ballons quittant Paris investi, et en raison du succès de ces tentatives, M. VAN ROOSEBEKE partit à bord du *Washington* avec mission de se rendre près de la Délégation de la Défense Nationale siégeant à Tours, pour l'expédition quotidienne sur Paris des pigeons de correspondance — *Avril*, p. 79.

Séance du 25 avril 1901. — M. PONCHEL fait le récit des expériences qu'il a exécutées pour le chauffage des montgolfières par un fourneau à pétrole de son invention. — *Mai*, p. 102.

Séance du 9 mai 1901. — M. DROUILLARD présente une maquette en papier de son ballon pliant. — *Mai*, p. 101.

Séance du 30 mai 1901. — Communication de M. HENRY DUMOUTET sur son projet de traversée du Mont-Blanc en ballon. — MAYAUDON parle de la façon de constater la montée ou la descente du ballon en l'air. — Compte rendu par M. W. DE FONVIELLE de son voyage à Londres pour la visite de l'exposition du Palais de Cristal. Il fait quelques remarques sur l'établissement aéronautique anglais qu'il fut amené à visiter au camp d'Alderschott. — *Juin*, p. 125.

Séance du 13 juin 1901. — M. P. LEROUX présente un nouveau propulseur supérieur à l'hélice. — M. PONCHEL fait la démonstration de son réchaud à pétrole pour montgolfière. — *Juin*, p. 128.

Séance du 27 juin 1901. — Rapport de M. E. CASSÉ sur l'aérostat dirigeable de M. MAUDIN. — Compte rendu par M. VERNANCHET, père de diverses ascensions — Note de M. TEISSERENC DE BORT sur le lancer de ballon-sonde exécuté sous sa direction, le 14 juin dernier. — Dissertation par M. W. DE FONVIELLE sur le minimum thermométrique obtenu par les ballons-sondes. — Présentation d'un statoscope construit par M. JULES RICHARD. — Expériences de direction aérienne en Allemagne. — Communication de M. W. DE FONVIELLE sur l'emploi d'un moteur pour les expériences de direction aérienne. — MM. TRIBOULET et DE FONVIELLE rendent compte des nouvelles démarches faites au Conseil d'Etat afin d'obtenir pour la Société la reconnaissance d'utilité publique. — *Juillet*, p. 149.

Séance du 10 juillet 1901. — Rapports de M. EMILE CASSÉ, 1º sur le gazogène à ammoniaque de M. JOSSELIN; 2ᵉ sur le ballon pliant de M. DROUILLARD; 3º sur l aérostat, système LINDNER. — Projet de la traversée en ballon de la Méditerranée. — M. TRIBOULET donne quelque détails sur l'emploi de l'oxygène pour la fabrication du gaz à l'eau, d'après le travail présenté par M. RAOUL PICTET, à la Société des Ingénieurs civils de France. — *Septembre*, p. 199.

L'Imprimeur-Gérant: G. Camproger, 52, r. de Provence, Paris.

L'AÉRONAUTE

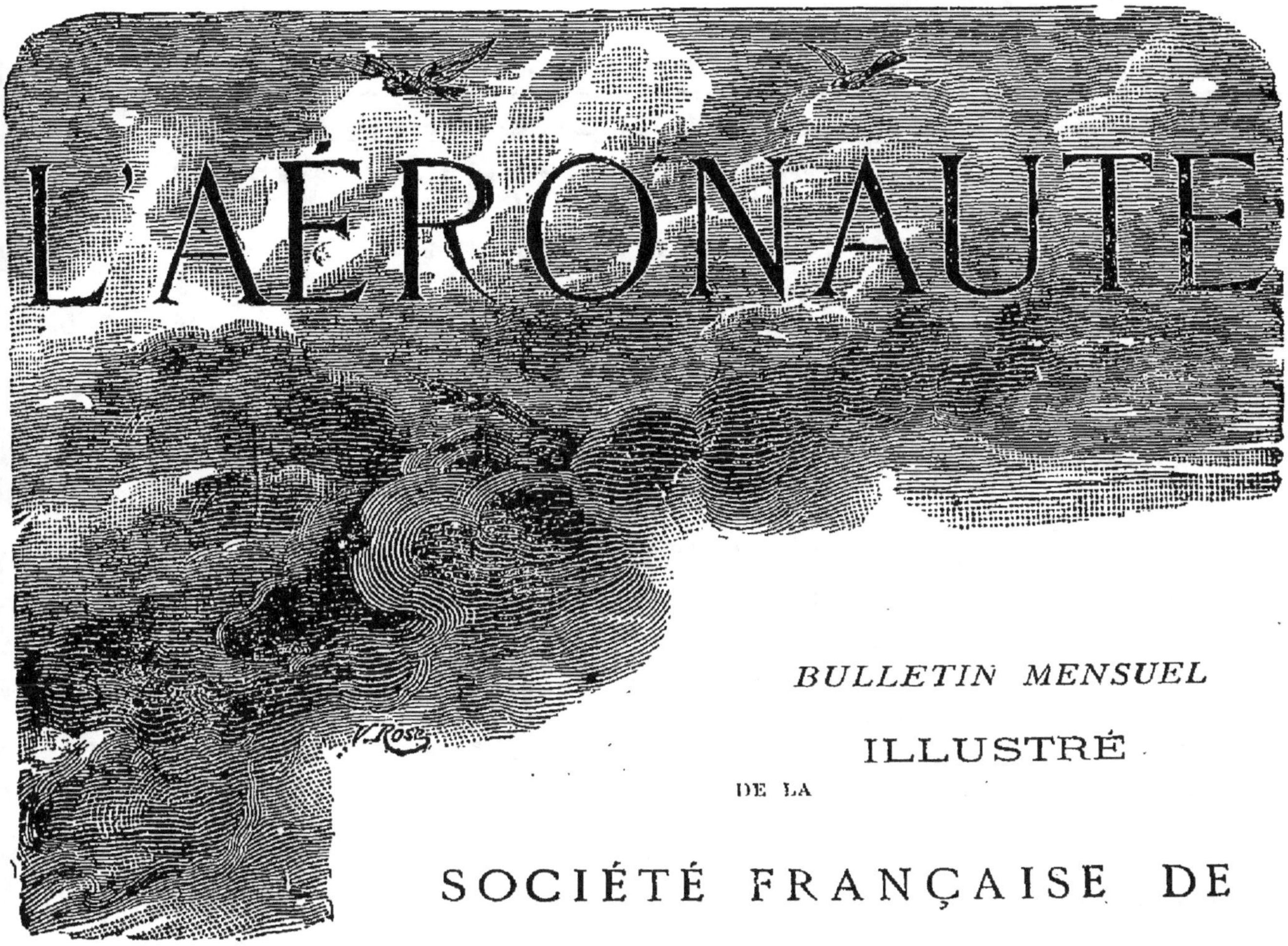

BULLETIN MENSUEL

ILLUSTRÉ

DE LA

SOCIÉTÉ FRANÇAISE DE

NAVIGATION AÉRIENNE

Admis dans la Bibliothèque technologique de l'Exposition universelle de 1878
Honoré d'une médaille d'argent à l'Exposition du Travail de 1885
et d'une médaille de bronze à l'Exposition de 1889
Admis à l'Exposition de Chicago

FONDÉ PAR

LE Dr ABEL HUREAU DE VILLENEUVE

Organe de la Commission du Congrés de l'Exposition Internationale de 1889

34e ANNÉE, No 2

FÉVRIER 1901

PARIS : 6 FRANCS PAR AN. — DÉPARTEMENTS : 7 FRANCS. — UN NUMÉRO : 75 CENTIMES

RÉDACTION ET BUREAUX :

10, RUE DE LA PÉPINIÈRE, 10

PARIS

8e Arrondissement

Maurice MALLET

Aéronaute, Ingénieur-Constructeur

ASCENSIONS LIBRES & CAPTIVES

CONSTRUCTIONS
TRÈS SOIGNÉES D'AÉROSTATS
de toutes formes et toutes grandeurs

BALLONS SPÉCIAUX
pour observatoires
Montés ou non montés (soie, baudruche ou coton).

GÉNÉRATEUR D'HYDROGÈNE

TREUIL A VAPEUR & A BRAS

APPAREILS D'AVIATION

Bureaux : 63, Rue Lepic, PARIS 18ᵉ

GEORGES BESANÇON

OFFICIER D'ACADÉMIE

Ingénieur Aéronaute

EXPÉRIENCES ET ASCENSIONS SCIENTIFIQUES
VOYAGES AÉRIENS D'AMATEURS
Exploration des hautes régions de l'Atmosphère
PAR BALLONS-SONDES ET CERFS-VOLANTS

RUE DU SENTIER
Bois-Colombes (Seine)

ENTREPRISE DE TOUS
TRAVAUX DE COMPTABILITÉ
Fondée en 1850

pour **PARIS** et la **PROVINCE**

53 Rue de RIVOLI

PARIS

Téléphone

EXÉCUTION - DIRECTION - EXPERTISE

JOURNAL DU CIEL
Bulletin de la Société d'Astronomie

Prête à chacun de ses abonnés une lunette grossissant cinquante fois en diamètre.

Cour de Rohan, PARIS 6ᴱ

ABONNEMENTS : 10 fr. France et Etranger

AÉROSTATION CIVILE & MILITAIRE

BALLONS CAPTIFS A VAPEUR
ASCENSIONS - CONSTRUCTIONS
DEVIS - ÉTUDES

Eugène GODARD
AERONAUTE

4, Rue Christiani (Bd. Barbés)

PARIS
18ᵉ Arrondissement

BREVETS D'INVENTION
(France Etranger)

Marques de Fabrique, Procès en contrefaçon, etc.

CASALONGA
Ingénieur-Conseil (depuis 1867)

PARIS
15, r. des Halles, 15

Propr⁻-Direct⁻ (depuis 1878) du Journal (25 fr. par an) LA

CHRONIQUE INDUSTRIELLE

DESSINS & GRAVURES SUR BOIS. CLICHÉS

Guides de l'Inventeur en chaque pays (2 fr. par Guide)

THE AERONAUTICAL JOURNAL
ILLUSTRATED

Contains all the latest news regarding
Balloons, Flying Machines, Kites
and all aërial apparatus

Published Quarterly
Price 1 shilling

King, Sell, & Railton, 4, Bolt Court

LONDON. E. C.

AUS DEM RUSSISCHEN
UBERSETZT
1899

Ein Lenkbarer Flug-Apparat

Dr.-Medic
Constantin
DANILEWSKY
1897
Charkow. Russland
1900

A Louer

Illustrirte Aëronautische Mittheilungen
REVUE TRIMESTRIELLE ILLUSTRÉE
DE L'AÉRONAUTIQUE
Organe de la Société de navigation aérienne de Munich
et de Strasbourg

PUBLIÉE AVEC LA COLLABORATION DES PRINCIPAUX SAVANTS
de l'Allemagne, d'Autriche et de l'Étranger

Redigirt von

Dr. ROBERT EMDEN
Privatdocent an der technischen Hochschule in Munchen

Redaktionsbürsaux   Kommissionsverlag
STRASSBURG 1. E.: MÜNCHEN | VON KARL J. TRUNNER, STRASBURG 1. B.
Kalbsgasse 3.   Schellingstrasse 107. | Münsterplatz 9.

AVIS

Keissenburger Stass, 14ª

Le ballon construit en vue d'*ascensions scientifiques prolongées*, sera disponible cette année pour des ascensions de ce genre.

Il est certain qu'avec cet appareil, le plus grand qui ait jamais été construit, on peut obtenir des résultats extraordinaires, en effet. les ballons employés actuellement ne cubent, en moyenne, que 1.000 à 2.000 mètres, tandis que celui-ci contient 8.400 mètres cubes

Pour se rendre compte, approximativement, de la grandeur de cet aérostat sphérique, on peut se figurer une maison de 7 ou 8 étages, dont la hauteur correspond au diamètre du ballon rempli, soit 25 mètres. La hauteur totale de l'appareil aérien, des cordes de retenue à la soupape supérieure, atteint 48 mètres. La force ascensionnelle atteint 6.250 kilogrammes avec du gaz d'éclairage et 12.500 kilogrammes avec de l'hydrogène. L'ascension scientifique prolongée qui devait se faire en septembre 1900, du parc des sports à Friedenau, sous la direction des Drs Berson et Süring, a échoué, comme on le sait, à cause du mauvais temps, et la première ascension aura lieu en avril. Il faut espérer qu'elle sera couronnée de succès

Les grandes dépenses, occasionnées surtout par la construction de l'enveloppe, pourraient empêcher des aéronautes isolés et des sociétés de navigation aérienne de construire un pareil ballon, on apprendra donc avec un grand plaisir que le propriétaire, M. l'architecte C. Enders, à Potsdam, s'est décidé à mettre son ballon à la disposition des amateurs, après les ascensions *internationales*. Après chacune de ses ascensions, le ballon sera toujours transporté à l'endroit désigné pour l'ascension suivante et il est nécessaire, pour cela, que les aéronautes étrangers et les sociétés de sports, s'adressent le plus promptement possible au directeur des travaux préparatoires, M. C. Enders, à Potsdam, afin que les trajets de correspondance puissent avoir lieu sans perte de temps.   C. ENDERS.

Potsdam, 19 février 1901.

Les trente-deux premières années de l'Aéronaute sont actuellement en vente aux prix suivants :

Années 1868, 1869, 1870, 1871 et 1872, chacune............... 12 »»
    Chaque livraison.................................. 1 50
Années 1873, 1874, 1875, 1876, 1877, 1878, 1879, 1880, 1881, 1882, 1883, 1884, 1885, 1886, 1887, 1888, 1889, 1890, 1891, 1892, 1893, 1894, 1895, 1896, 1897 1898 1899 et 1900 chacune............ 6 »»
    Chaque livraison.................................. » 75
    COLLECTION COMPLÈTE, avec l'année 1900............... 200 »»

Pour la province ou l'étranger, le port en sus.

La collection de l'Aéronaute forme une véritable encyclopédie illustrée de la science aéronautique. Elle fournit tous les documents relatifs aux derniers perfectionnements, classés annuellement par ordre de matières et par noms d'auteurs.

Nous engageons nos souscripteurs, qui font relier la collection de l'Aéronaute, à recommander au relieur de conserver les couvertures bleues sur lesquelles sont imprimées les notes bibliographiques comprenant la totalité des ouvrages aéronautiques.

Les personnes qui possèdent des livraisons isolées ou défraîchies de l'Aéronaute, sont priées de ne pas les détruire. Nous les rachetons à des prix variant suivant la rareté et la propreté des exemplaires.

BIBLIOGRAPHIE

LA CONQUÊTE

DE

l'ATMOSPHÈRE

La Voile dans la Navigation Aérienne

COMMUNICATION

faite au " Congrès international d'aéronautique "

TENU A L'OBSERVATOIRE DE MEUDON EN 1900

PAR

Le Professeur Dr Édouard GIAMPIETRO

L'AÉRONAUTE

34ᵉ ANNÉE. — Nᵒ 2 — FÉVRIER 1901

SOMMAIRE :

L'AÉRONAUTE PARAIT TOUS LES MOIS

RÉDACTION ET ABONNEMENTS

10, RUE DE LA PÉPINIÈRE, 10

PRIX DE L'ANNÉE COURANTE :

Un numéro : 75 centimes

PARIS : 6 FR. PAR AN. — DÉPARTEMENTS : 7 FR.
ALLEMAGNE, AUTRICHE, BELGIQUE, DANEMARK, EGYPTE, ESPAGNE
GRANDE-BRETAGNE, GRÈCE, ITALIE, LUXEMBOURG, MONTÉNÉGRO
NORVÈGE, PAYS-BAS, PORTUGAL, ROUMANIE, RUSSIE, SERBIE
SUÈDE, SUISSE, TURQUIE, TANGER, TUNIS : 8 FR.
ETATS-UNIS D'AMÉRIQUE : 9 FR.
BRÉSIL, MEXIQUE, PARAGUAY, PLATA ET ANTILLES : 12 FR.
CHINE, INDE, COCHINCHINE, SIAM, JAPON, AUSTRALIE, PÉROU
CHILI, BOLIVIE : 15 FR.

— CONDITIONS —

L'abonnement commence au 1ᵉʳ janvier

Il continue jusqu'à ce qu'on refuse le journal

Voir à la page précédente le prix des années écoulées.

Envoyer le prix de l'abonnement en un bon sur la poste au nom de M. TRIBOULET, *Architecte-Expert*.

10, RUE DE LA PÉPINIÈRE, 10 (Paris 8ᵉ)

Paris 9ᵉ. — Imprimerie G. CAMPROGER, 52, rue de Provence

BULLETIN MENSUEL

ILLUSTRÉ

DE LA

SOCIÉTÉ FRANÇAISE DE

NAVIGATION AÉRIENNE

Admis dans la Bibliothèque technologique de l'Exposition universelle de 1878
Honoré d'une médaille d'argent à l'Exposition du Travail de 1885
et d'une médaille de bronze à l'Exposition de 1889
Admis à l'Exposition de Chicago

FONDÉ PAR

LE Dr ABEL HUREAU DE VILLENEUVE

Organe de la Commission du Congrès International de 1889 et 1900

34ᵉ ANNÉE, Nº 3

MARS 1901

PARIS : 6 FRANCS PAR AN. — DÉPARTEMENTS : 7 FRANCS. — UN NUMÉRO : 75 CENTIMES

RÉDACTION ET BUREAUX :

10, RUE DE LA PÉPINIÈRE, 10

PARIS

8ᵉ Arrondissement

— 52 —

Le comité de rédaction de l'*Aéronaute* ne se considère pas comme responsable des opinions scientifiques émises par les auteurs. Les manuscrits étant classés aux archives ne sont jamais rendus. Les travaux relatifs à l'art militaire adressés à la rédaction sont renvoyés à M le Ministre de la Guerre, mais ne sont pas insérés.

———

Les anciens présidents annuels de la Société ont été : en 1872, Crocé-Spinelli ; en 1873, M. Janssen de l'Institut; en 1874, Hervé Mangon, de l'Institut, ministre des travaux publics ; en 1875, le professeur Paul Bert, de l'Institut, ministre de l'instruction publique ; en 1876, M. le colonel Laussedat, de l'Institut, directeur du Conservatoire des Arts-et-Métiers ; en 1877, le vicomte de Ponton d'Amécourt ; en 1878, Hureau de Villeneuve ; en 1879, le sénateur Rampont ; en 1880, M. le colonel Ch. Renard, directeur de l'usine aéronautique militaire de Chalais-Meudon ; en 1881, Gaston Tissandier ; en 1882, David Napoli, ingénieur, chef du laboratoire des essais des chemins de fer de l'Est ; en 1883, le général Perrier, de l'Institut ; en 1884, M. le professeur Marey, de l'Institut, professeur au Collège de France ; en 1885, Jamin, secrétaire perpétuel de l'Académie des Sciences ; en 1886, M. Berthelot, sénateur, membre de l'Institut, ancien ministre de l'Instruction publique ; en 1887, M. Marcel Deprez, de l'Institut ; en 1888, M. Rigaut ; en 1889, E. Frémy, de l'Institut ; en 1890, M Yves Guyot, député, ancien ministre des Travaux publics ; en 1891, M. P. Touche, lieutenant-colonel de l'artillerie territoriale ; en 1892, M. Arson, chef des usines de la Compagnie parisienne du gaz ; en 1893, Spuller, sénateur, ancien ministre de l'Instruction publique ; en 1894, M. Alfred Cornu, de l'Institut ; en 1895, M. le général de division du génie Parmentier ; en 1896, M. le sénateur Paul Decauville ; en 1897, M Radau membre de l'Institut, en 1898-99, M. W. de Fonvielle, 1900, M. Janssen membre de l'Institut

Le Bureau de la *Société française de Navigation aérienne* est ainsi constitué pour l'année 1901 :
Président d'honneur : M. le Ministre de l'Instruction publique.
Président : M. le prince Roland Bonaparte
Vice-Présidents : MM. de Fonvielle (Wilfrid). — Mallet, constructeur aéronaute — Cassé, ingénieur. — Le comte de La Vaulx. — Le comte de Castillon de Saint-Victor.
Secrétaire général : M. L Triboulet, architecte expert
Secrétaires : MM. Wagner, Leloup, Rat, Houdar.
Trésorier : M. Vernanchet, artiste peintre
Archiviste : M Dumoutet, artiste peintre.
Le Conseil est formé par le bureau
Vice-Président honoraire : M. Delpeut, avocat conseil de la Société.

———

Membres de la Société ayant racheté leurs cotisations :
MM. P. Bonnard, E. Cassé, J. Leloup, E. Surcouf, L. Triboulet.

On devient membre perpétuel par le versement d'une somme de cent cinquante francs versée par 1/3 ou en une fois.

Illustrirte Aëronautische Mittheilungen

REVUE TRIMESTRIELLE ILLUSTRÉE

DE L'AÉRONAUTIQUE

*Organe de la Société de navigation aérienne de Munich
et de Strasbourg*

PUBLIÉE AVEC LA COLLABORATION DES PRINCIPAUX SAVANTS

de l'Allemagne d'Autriche et de l'Etranger
Redigirt von

Dr. ROBERT EMDEN

Privatdocent an der technischen Hochschule in Munchen

Redaktionsbürsaux		Kommissionsverlag
STRASSBURG 1. E.: MÜNCHEN	VON KARL J. TRÜBNER, STRASBURG 1. B.
Kalbsgasse 3.	Schellingstrasse 107.	Münsterplatz 9.

AVIS

Keissenburger Stass, 14ª

Le ballon construit en vue d'*ascensions scientifiques prolongées*, sera disponible cette année pour des ascensions de ce genre.

Il est certain qu'avec cet appareil, le plus grand qui ait jamais été construit, on peut obtenir des résultats extraordinaires, en effet. les ballons employés actuellement ne cubent, en moyenne, que 1.000 à 2.000 mètres, tandis que celui-ci contient 8.400 mètres cubes

Pour se rendre compte, approximativement, de la grandeur de cet aérostat sphérique, on peut se figurer une maison de 7 ou 8 étages, dont la hauteur correspond au diamètre du ballon rempli, soit 25 mètres. La hauteur totale de l'appareil aérien, des cordes de retenue à la soupape supérieure, atteint 48 mètres. La force ascensionnelle atteint 6 250 kilogrammes avec du gaz d'éclairage et 12.500 kilogrammes avec de l'hydrogène. L'ascension scientifique prolongée qui devait se faire en septembre 1900, du parc des sports à Friedenau, sous la direction des Dʳˢ Berson et Süring, a échoué, comme on le sait, à cause du mauvais temps, et la première ascension aura lieu en avril. Il faut espérer qu'elle sera couronnée de succès

Les grandes dépenses, occasionnées surtout par la construction de l'enveloppe, pourraient empêcher des aéronautes isolés et des sociétés de navigation aérienne de construire un pareil ballon, on apprendra donc avec un grand plaisir que le propriétaire, M. l'architecte C. Enders, à Potsdam, s'est décidé à mettre son ballon à la disposition des amateurs, après les ascensions *internationales*. Après chacune de ses ascensions, le ballon sera toujours transporté à l'endroit désigné pour l'ascension suivante et il est nécessaire, pour cela, que les aéronautes étrangers et les sociétés de sports, s'adressent le plus promptement possible au directeur des travaux préparatoires, M. C. Enders, à Potsdam, afin que les trajets de correspondance puissent avoir lieu sans perte de temps.   C. ENDERS.

Potsdam, 19 février 1901.

Les trente-deux premières années. de l'Aéronaute sont actuellement en vente aux prix suivants:

Années 1868, 1869, 1870, 1871 et 1872, chacune.............. 12 »»
    Chaque livraison...... .... 1 50
Années 1873, 1874, 1875, 1876, 1877, 1878, 1879, 1880, 1881, 1882, 1883, 1884, 1885, 1886, 1887, 1888, 1889, 1890, 1891, 1892, 1893, 1894, 1895, 1896, 1897 1898 1899 et 1900 chacune............ 6 »»
    Chaque livraison .... » 75
    COLLECTION COMPLÈTE, avec l'année 1900................. 200 »»
Pour la province ou l'étranger, le port en sus.

La collection de l'Aéronaute forme une véritable encyclopédie illustrée de la science aéronautique. Elle fournit tous les documents relatifs aux derniers perfectionnements, classés annuellement par ordre de matières et par noms d'auteurs.

Nous engageons nos souscripteurs, qui font relier la collection de l'Aéronaute, à recommander au relieur de conserver les couvertures bleues sur lesquelles sont imprimées les notes bibliographiques comprenant la totalité des ouvrages aéronautiques.

Les personnes qui possèdent des livraisons isolées ou défraîchies de l'Aéronaute, sont priées de ne pas les détruire. Nous les rachetons à des prix variant suivant la rareté et la propreté des exemplaires.

BIBLIOGRAPHIE

AÉROPLANE

ET

PROPULSEUR POMPÉIEN

BREVETÉ S. G. D. G.

Récompensé à l'Exposition Universelle de 1900. PARIS

PAR

L. ORCEL, Ingénieur

---

10 FIGURES. — 3 PLANCHES

LYON, BALE, GENÈVE

Henry GEORG, Libraire Editeur

1901

L'AÉRONAUTE

34ᵉ ANNÉE. — Nᵒ — 3 MARS 1901

SOMMAIRE :

L'AÉRONAUTE PARAIT TOUS LES MOIS

RÉDACTION ET ABONNEMENTS

10, RUE DE LA PÉPINIÈRE, 10

PRIX DE L'ANNÉE COURANTE :

Un numéro : 75 centimes

PARIS : 6 FR. PAR AN. — DÉPARTEMENTS : 7 FR.
ALLEMAGNE, AUTRICHE, BELGIQUE, DANEMARK, EGYPTE, ESPAGNE
GRANDE-BRETAGNE, GRÈCE, ITALIE, LUXEMBOURG, MONTÉNÉGRO
NORVÈGE, PAYS-BAS, PORTUGAL, ROUMANIE, RUSSIE, SERBIE
SUÈDE, SUISSE. TURQUIE, TANGER, TUNIS : 8 FR.
ETATS-UNIS D'AMÉRIQUE : 9 FR.
BRÉSIL, MEXIQUE, PARAGUAY, PLATA ET ANTILLES : 12 FR.
CHINE, INDE, COCHINCHINE, SIAM, JAPON, AUSTRALIE, PÉROU
CHILI, BOLIVIE : 15 FR.

— CONDITIONS —

L'abonnement commence au 1ᵉʳ janvier

Il continue jusqu'à ce qu'on refuse le journal

Voir à la page précédente le prix des années écoulées.

Envoyer le prix de l'abonnement en un bon sur la poste au nom de M. TRIBOULET, *Architecte-Expert*

10, RUE DE LA PÉPINIÈRE, 10 (Paris 8ᵉ)

Paris 9ᵉ. — Imprimerie G. CAMPROGER, 52, rue de Provence

BULLETIN MENSUEL

ILLUSTRÉ

DE LA

SOCIÉTÉ FRANÇAISE DE

AVIGATION AÉRIENNE

Admis dans la Bibliothèque technologique de l'Exposition universelle de 1878
Honoré d'une médaille d'argent à l'Exposition du Travail de 1885
et d'une médaille de bronze à l'Exposition de 1889
Admis à l'Exposition de Chicago

FONDÉ PAR

LE Dʳ ABEL HUREAU DE VILLENEUVE

Organe de la Commission du Congrès International de 1889 et 1900

34ᵉ ANNÉE, Nᵒ 4

AVRIL 1901

PARIS : 6 FRANCS PAR AN. — DÉPARTEMENTS : 7 FRANCS. — UN NUMÉRO : 75 CENTIMES

RÉDACTION ET BUREAUX :

10, RUE DE LA PÉPINIÈRE, 10

PARIS

8ᵉ Arrondissement

Le comité de rédaction de l'*Aéronaute* ne se considère pas comme responsable des opinions scientifiques émises par les auteurs. Les manuscrits étant classés aux archives ne sont jamais rendus. Les travaux relatifs à l'art militaire adressés à la rédaction sont renvoyés à M. le Ministre de la Guerre, mais ne sont pas insérés.

Les anciens présidents annuels de la Société ont été : en 1872, Crocé-Spinelli ; en 1873, M. Janssen de l'Institut; en 1874, Hervé Mangon, de l'Institut, ministre des travaux publics ; en 1875, le professeur Paul Bert, de l'Institut, ministre de l'instruction publique ; en 1876, M. le colonel Laussedat, de l'Institut, directeur du conservatoire des Arts-et-Métiers ; en 1877, le vicomte de Ponton d'Amécourt ; en 1878, Hureau de Villeneuve ; en 1879, le sénateur Rampont ; en 1880, M. le colonel Ch. Renard, directeur de l'usine aéronautique militaire de Chalais-Meudon ; en 1881, Gaston Tissandier ; en 1882, David Napoli, ingénieur, chef du laboratoire des essais des chemins de fer de l'Est ; en 1883, le général Perrier, de l'Institut ; en 1884, M. le professeur Marey, de l'Institut, professeur au Collège de France ; en 1885, Jamin, secrétaire perpétuel de l'Académie des Sciences ; en 1886, M. Berthelot, sénateur, membre de l'Institut, ancien ministre de l'Instruction publique ; en 1887, M. Marcel Deprez, de l'Institut ; en 1888, M. Rigaut ; en 1889, E. Frémy, de l'Institut ; en 1890, M Yves Guyot, député, ancien ministre des Travaux publics ; en 1891, M. P. Touche, lieutenant-colonel de l'artillerie territoriale ; en 1892, M. Arson, chef des usines de la Compagnie parisienne du gaz ; en 1893, Spuller, sénateur, ancien ministre de l'Instruction publique ; en 1894, M. Alfred Cornu, de l'Institut ; en 1895, M. le général de division du génie Parmentier ; en 1896, M. le sénateur Paul Decauville ; en 1897, M Radau membre de l'Institut, en 1898-99. M. W. de Fonvielle, 1900. M. Janssen membre de l'Institut

Le Bureau de la *Société française de Navigation aérienne* est ainsi constitué pour l'année 1901 :
Président d'honneur: M. le Ministre de l'Instruction publique.
Président: M. le prince Roland Bonaparte
Vice-Présidents : MM. de Fonvielle (Wilfrid). — Mallet, constructeur aéronaute — Cassé, ingénieur. — Le comte de La Vaulx.
— Le comte de Castillon de Saint-Victor.
Secrétaire général : M. L Triboulet, architecte expert
Secrétaires : MM. Wagner, Leloup, Rat, Houdar.
Trésorier: M. Vernanchet, artiste peintre
Archiviste : M Dumoutet, artiste peintre.
Le Conseil est formé par le bureau.
Vice-Président honoraire: M. Delpeut, avocat conseil de la Société.

Membres de la Société ayant racheté leurs cotisations :
MM. P. Bonnard, E. Cassé, J. Leloup, E. Surcouf, L. Triboulet.

On devient membre perpétuel par le versement d'une somme de cent cinquante francs versée par 1/3 ou en une fois.

Illustrirte Aëronautische Mittheilungen
REVUE TRIMESTRIELLE ILLUSTRÉE
DE L'AÉRONAUTIQUE

Organe de la Société de navigation aérienne de Munich et de Strasbourg

PUBLIÉE AVEC LA COLLABORATION DES PRINCIPAUX SAVANTS

de l'Allemagne d'Autriche et de l'Etranger
Redigirt von

Dr. ROBERT EMDEN
Privatdocent an der technischen Hochschule in München

Redaktionsbürsaux	Kommissionsverlag
STRASSBURG 1. E.: MÜNCHEN	VON KARL J. TRÜNNER, STRASBURG 1. B.
Kalbsgasse 3. Schellingstrasse 107.	Münsterplatz 9.

AVIS

Prime exceptionnelle à tous les abonnés de l'Aéronaute et aux membres de la Société française de navigation aérienne.

UN TABLEAU de o.5o × o.35 tout encadré et représentant une vue panoramique de l'océan aérien, avec un ballon planant dans l'espace.

Dans un lambel placé sur le cadre, indication du nombre des traversées aériennes de l'aéronaute ou des voyageurs aériens.

Le prix de cette prime remise spécialement aux abonnés et aux membres de la Société est fixé à *soixante francs*.

EXPOSITION NAVALE ET MILITAIRE

Crystal-Palace 1901

LONDON, ANGLETERRE

S'adresser à M. Sheldon Smith, Commissaire général pour la France, 4, rue du Mont-Thabor. — PARIS.

Les trente-deux premières années de l'Aéronaute sont actuellement en vente aux prix suivants :

Années 1868, 1869, 1870, 1871 et 1872, chacune.............. 12 »»
    Chaque livraison...... .... 1 50
Années 1873, 1874, 1875, 1876, 1877, 1878, 1879, 1880, 1881, 1882,
  1883, 1884, 1885, 1886, 1887, 1888, 1889, 1890, 1891, 1892, 1893,
  1894, 1895, 1896, 1897 1898 1899 et 1900 chacune........... 6 »»
    Chaque livraison... .... » 75
    COLLECTION COMPLÈTE, avec l'année 1900................. 200 »»
Pour la province ou l'étranger, le port en sus.

La collection de l'Aéronaute forme une véritable encyclopédie illustrée de la science aéronautique. Elle fournit tous les documents relatifs aux derniers perfectionnements, classés annuellement par ordre de matières et par noms d'auteurs.

Nous engageons nos souscripteurs, qui font relier la collection de l'Aéronaute, à recommander au relieur de conserver les couvertures bleues sur lesquelles sont imprimées les notes bibliographiques comprenant la totalité des ouvrages aéronautiques.

Les personnes qui possèdent des livraisons isolées ou défraîchies de l'Aéronaute, sont priées de ne pas les détruire. Nous les rachetons à des prix variant suivant la rareté et la propreté des exemplaires.

BIBLIOGRAPHIE

EXTRAIT DE " LA REVUE D'EUROPE "

GALERIE DES NOTABILITÉS CONTEMPORAINES

JANSSEN

DE L'INSTITUT

JANVIER 1901

REDACTION ET ADMINISTRATION

15, Quai Voltaire, 15

PARIS (6ᵉ)

L'AÉRONAUTE

34ᵉ ANNÉE. — Nº — 4 AVRIL 1901

SOMMAIRE :

L'AÉRONAUTE PARAIT TOUS LES MOIS

RÉDACTION ET ABONNEMENTS

10, RUE DE LA PÉPINIÈRE, 10

PRIX DE L'ANNÉE COURANTE :

Un numéro : 75 centimes

PARIS : 6 FR. PAR AN. — DÉPARTEMENTS : 7 FR.
ALLEMAGNE, AUTRICHE, BELGIQUE, DANEMARK, EGYPTE, ESPAGNE
GRANDE-BRETAGNE, GRÈCE, ITALIE, LUXEMBOURG, MONTÉNÉGRO
NORVÈGE, PAYS-BAS, PORTUGAL, ROUMANIE, RUSSIE, SERBIE
SUÈDE, SUISSE, TURQUIE, TANGER, TUNIS : 8 FR.
ETATS-UNIS D'AMÉRIQUE : 9 FR.
BRÉSIL, MEXIQUE, PARAGUAY, PLATA ET ANTILLES : 12 FR.
CHINE, INDE, COCHINCHINE, SIAM, JAPON, AUSTRALIE, PÉROU
CHILI, BOLIVIE : 15 FR.

— CONDITIONS —

L'abonnement commence au 1ᵉʳ janvier

Il continue jusqu'à ce qu'on refuse le journal

Voir à la page précédente le prix des années écoulées.

Envoyer le prix de l'abonnement en un bon sur la poste au nom de M. Triboulet, *Architecte-Expert*

10, RUE DE LA PÉPINIÈRE, 10 (Paris 8ᵉ)

Paris 9ᵉ. — Imprimerie G. CAMPROGER, 52, rue de Provence

L'AÉRONAUTE

BULLETIN MENSUEL

ILLUSTRÉ

DE LA

SOCIÉTÉ FRANÇAISE DE

NAVIGATION AÉRIENNE

Admis dans la Bibliothèque technologique de l'Exposition universelle de 1878
Honoré d'une médaille d'argent à l'Exposition du Travail de 1885
et d'une médaille de bronze à l'Exposition de 1889
Admis à l'Exposition de Chicago

FONDÉ PAR

LE Dᵣ ABEL HUREAU DE VILLENEUVE

Organe de la Commission du Congrès International de 1889 et 1900

34ᵉ ANNÉE, Nº 5

MAI 1901

PARIS : 6 FRANCS PAR AN. — DÉPARTEMENTS : 7 FRANCS. — UN NUMÉRO : 75 CENTIMES

RÉDACTION ET BUREAUX :

10, RUE DE LA PÉPINIÈRE, 10

PARIS

8ᵉ Arrondissement

Le comité de rédaction de l'*Aéronaute* ne se considère pas comme responsable des opinions scientifiques émises par les auteurs. Les manuscrits étant classés aux archives ne sont jamais rendus. Les travaux relatifs à l'art militaire adressés à la rédaction sont renvoyés à M. le Ministre de la Guerre, mais ne sont pas insérés.

Les anciens présidents annuels de la Société ont été : en 1872, Crocé-Spinelli ; en 1873, M. Janssen de l'Institut ; en 1874, Hervé Mangon, de l'Institut, ministre des travaux publics ; en 1875, le professeur Paul Bert, de l'Institut, ministre de l'instruction publique ; en 1876, M. le colonel Laussedat, de l'Institut, directeur du Conservatoire des Arts-et-Métiers ; en 1877, le vicomte de Ponton d'Amécourt ; en 1878, Hureau de Villeneuve ; en 1879, le sénateur Rampont ; en 1880, M. le colonel Ch. Renard, directeur de l'usine aéronautique militaire de Chalais-Meudon ; en 1881, Gaston Tissandier ; en 1882, David Napoli, ingénieur, chef du laboratoire des essais des chemins de fer de l'Est ; en 1883, le général Perrier, de l'Institut ; en 1884, M. le professeur Marey, de l'Institut, professeur au Collège de France ; en 1885, Jamin, secrétaire perpétuel de l'Académie des Sciences ; en 1886, M. Berthelot, sénateur, membre de l'Institut, ancien ministre de l'Instruction publique ; en 1887, M. Marcel Deprez, de l'Institut ; en 1888, M. Rigaut ; en 1889, E. Frémy, de l'Institut ; en 1890, M. Yves Guyot, député, ancien ministre des Travaux publics ; en 1891, M. P. Touche, lieutenant-colonel de l'artillerie territoriale ; en 1892, M. Arson, chef des usines de la Compagnie parisienne du gaz ; en 1893, Spuller, sénateur, ancien ministre de l'Instruction publique ; en 1894, M. Alfred Cornu, de l'Institut ; en 1895, M. le général de division du génie Parmentier ; en 1896, M. le sénateur Paul Decauville ; en 1897, M. Radau membre de l'Institut, en 1898-99, M. W. de Fonvielle, 1900, M. Janssen membre de l'Institut

Le Bureau de la *Société française de Navigation aérienne* est ainsi constitué pour l'année 1901 :
Président d'honneur : M. le Ministre de l'Instruction publique.
Président : M. le prince Roland Bonaparte
Vice-Présidents : MM. de Fonvielle (Wilfrid). — Mallet, constructeur aéronaute — Cassé, ingénieur. — Le comte de La Vaulx. — Le comte de Castillon de Saint-Victor.
Secrétaire général : M. L. Triboulet, architecte expert.
Secrétaires : MM. Wagner, Leloup, Rat, Houdar.
Trésorier : M. Vernanchet, artiste peintre.
Archiviste : M. Dumoutet, artiste peintre.
Le Conseil est formé par le bureau.
Vice-Président honoraire : M. Delpeut, avocat conseil de la Société.

Membres de la Société ayant racheté leurs cotisations :
MM. P. Bonnard, E. Cassé, J. Leloup, E. Surcouf, L. Triboulet.

On devient membre perpétuel par le versement d'une somme de cent cinquante francs versée par 1/3 ou en une fois.

Illustrirte Aëronautische Mittheilungen

REVUE TRIMESTRIELLE ILLUSTRÉE

DE L'AÉRONAUTIQUE

*Organe de la Société de navigation aérienne de Munich
et de Strasbourg*

PUBLIÉE AVEC LA COLLABORATION DES PRINCIPAUX SAVANTS

de l'Allemagne d'Autriche et de l'Etranger
Redigirt von

Dr. ROBERT EMDEN

Privatdocent an der technischen Hochschule in Munchen

Redaktionsbürsaux	**Kommissionsverlag**
STRASSBURG 1. E.: MUNCHEN	VON KARL J. TRÜNNER, STRASSBURG 1. B.
Kalbsgasse 3. — Schellingstrasse 107.	Münsterplatz 9.

AVIS

Prime exceptionnelle à tous les abonnés de l'Aéronaute et aux membres de la Société française de navigation
aérienne.

UN TABLEAU de o.5o $\times$ o.35 tout encadré et représentant une vue panoramique de l'océan aérien, avec un ballon
planant dans l'espace.

Dans un lambel placé sur le cadre, indication du nombre
des traversées aériennes de l'aéronaute ou des voyageurs
aériens.

Le prix de cette prime remise spécialement aux abonnés
et aux membres de la Société est fixé à *soixante francs*.

EXPOSITION NAVALE ET MILITAIRE

Crystal-Palace 1901

LONDON, ANGLETERRE

*S'adresser à M. Sheldon Smith, Commissaire général pour
la France, 4, rue du Mont-Thabor. — PARIS.*

L'AÉRONAUTE

34ᵉ ANNÉE. — N° 5 — MAI 1901

SOMMAIRE :

L'AÉRONAUTE PARAIT TOUS LES MOIS

RÉDACTION ET ABONNEMENTS

10, RUE DE LA PÉPINIÈRE, 10

PRIX DE L'ANNÉE COURANTE :

Un numéro : 75 centimes

PARIS : 6 FR. PAR AN. — DÉPARTEMENTS : 7 FR.
ALLEMAGNE, AUTRICHE, BELGIQUE, DANEMARK, EGYPTÉ, ESPAGNE
GRANDE-BRETAGNE, GRÈCE, ITALIE, LUXEMBOURG, MONTÉNÉGRO
NORVÈGE, PAYS-BAS, PORTUGAL, ROUMANIE, RUSSIE, SERBIE
SUÈDE, SUISSE, TURQUIE, TANGER, TUNIS : 8 FR.
ETATS-UNIS D'AMÉRIQUE : 9 FR.
BRÉSIL, MEXIQUE, PARAGUAY, PLATA ET ANTILLES : 12 FR.
CHINE, INDE, COCHINCHINE, SIAM, JAPON, AUSTRALIE, PÉROU
CHILI, BOLIVIE : 15 FR.

— CONDITIONS —

L'abonnement commence au 1ᵉʳ janvier

Il continue jusqu'à ce qu'on refuse le journal

Voir à la page précédente le prix des années écoulées.

Envoyer le prix de l'abonnement en un bon sur la poste au nom de M. TRIBOULET, *Architecte-Expert*

10, RUE DE LA PÉPINIÈRE, 10 (Paris 8ᵉ)

Paris 9ᵉ. — Imprimerie G. CAMPROGER, 52, rue de Provence

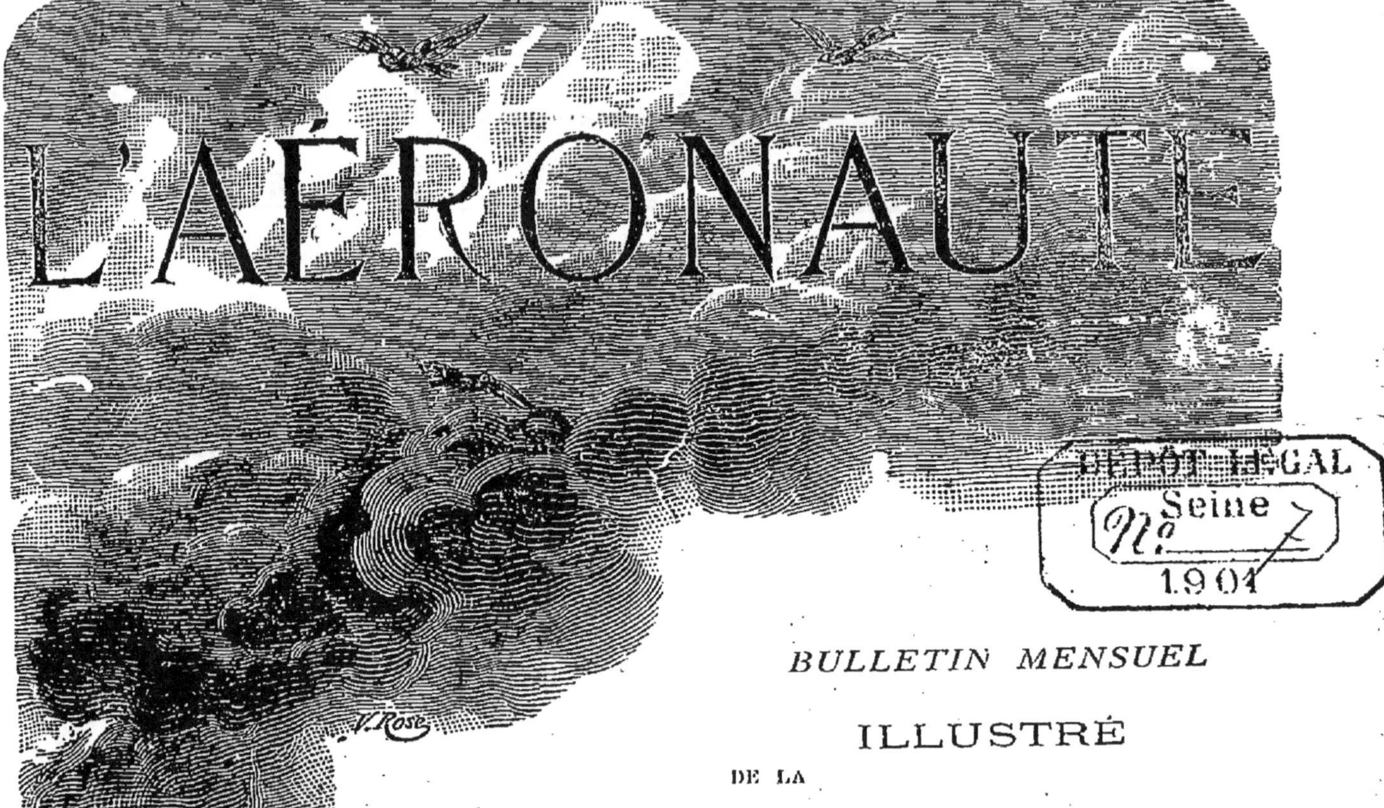

BULLETIN MENSUEL

ILLUSTRÉ

DE LA

SOCIÉTÉ FRANÇAISE DE NAVIGATION AÉRIENNE

Admis dans la Bibliothèque technologique de l'Exposition universelle de 1878
Honoré d'une médaille d'argent à l'Exposition du Travail de 1885
et d'une médaille de bronze à l'Exposition de 1889
Admis à l'Exposition de Chicago

FONDÉ PAR

LE Dʳ ABEL HUREAU DE VILLENEUVE

Organe de la Commission du Congrès International de 1889 et 1900

34ᵉ ANNÉE, Nᵒ 6

JUIN 1901

PARIS : 6 FRANCS PAR AN. — DÉPARTEMENTS : 7 FRANCS. — UN NUMÉRO : 75 CENTIMES

RÉDACTION ET BUREAUX :

10, RUE DE LA PÉPINIÈRE, 10

PARIS

8ᵉ Arrondissement

Le comité de rédaction de l'*Aéronaute* ne se considère pas comme responsable des opinions scientifiques émises par les auteurs. Les manuscrits étant classés aux archives ne sont jamais rendus. Les travaux relatifs à l'art militaire adressés à la rédaction sont renvoyés à M le Ministre de la Guerre, mais ne sont pas insérés.

Les anciens présidents annuels de la Société ont été : en 1872, Crocé-Spinelli ; en 1873, M. Janssen de l'Institut; en 1874, Hervé Mangon, de l'Institut, ministre des travaux publics ; en 1875, le professeur Paul Bert, de l'Institut, ministre de l'instruction publique ; en 1876, M. le colonel Laussedat, de l'Institut, directeur du Conservatoire des Arts-et-Métiers ; en 1877, le vicomte de Ponton d'Amécourt ; en 1878, Hureau de Villeneuve ; en 1879, le sénateur Rampont ; en 1880, M. le colonel Ch. Renard, directeur de l'usine aéronautique militaire de Chalais-Meudon ; en 1881, Gaston Tissandier ; en 1882, David Napoli, ingénieur, chef du laboratoire des essais des chemins de fer de l'Est : en 1883, le général Perrier, de l'Institut ; en 1884, M. le professeur Marey, de l'Institut, professeur au Collège de France ; en 1885, Jamin, secrétaire perpétuel de l'Académie des Sciences ; en 1886, M. Berthelot, sénateur, membre de l'Institut, ancien ministre de l'Instruction publique ; en 1887, M. Marcel Deprez, de l'Institut; en 1888, M. Rigaut ; en 1889, E. Frémy, de l'Institut; en 1890, M Yves Guyot, député, ancien ministre des Travaux publics ; en 1891, M. P. Touche, lieutenant-colonel de l'artillerie territoriale ; en 1892, M. Arson, chef des usines de la Compagnie parisienne du gaz ; en 1893, Spuller, sénateur, ancien ministre de l'Instruction publique ; en 1894, M. Alfred Cornu. de l'Institut ; en 1895, M. le général de division du génie Parmentier ; en 1896, M. le sénateur Paul Decauville ; en 1897, M Radau membre de l'Institut, en 1898-99. M. W. de Fonvielle, 1900. M. Janssen membre de l'Institut

Le Bureau de la *Société française de Navigation aérienne* est ainsi constitué pour l'année 1901 :
Président d'honneur: M. le Ministre de l'Instruction publique.
Président: M. le prince Roland Bonaparte.
Vice-Présidents: MM. de Fonvielle (Wilfrid). — Mallet, constructeur aéronaute — Cassé, ingénieur. — Le comte de La Vaulx. — Le comte de Castillon de Saint-Victor.
Secrétaire général: M. L Triboulet, architecte expert.
Secrétaires: MM. Wagner, Leloup, Rat, Houdar.
Trésorier: M. Vernanchet, artiste peintre
Archiviste : M Dumoutet, artiste peintre.
Le Conseil est formé par le bureau.
Vice-Président honoraire : M. Delpeut, avocat conseil de la Société.

Membres de la Société ayant racheté leurs cotisations :
MM. P. Bonnard, E. Cassé, Josselin, J. Leloup, E. Surcouf, Louis Triboulet.
On devient membre perpétuel par le versement d'une somme de cent cinquante francs versée par 1/3 ou en une fois.

ENTREPRISE DE TOUS
TRAVAUX DE COMPTABILITÉ
Fondée en 1850

pour **PARIS** et la **PROVINCE**

53 Rue de **RIVOLI**

Téléphone — PARIS

EXÉCUTION - DIRECTION - EXPERTISE

JOURNAL DU CIEL
Bulletin de la Société d'Astronomie

Prête à chacun de ses abonnés une lunette grossissant cinquante fois en diamètre.

Cour de Rohan, PARIS 6ᴱ

ABONNEMENTS : 10 fr. France et Etranger

AÉROSTATION CIVILE & MILITAIRE

BALLONS CAPTIFS A VAPEUR
ASCENSIONS - CONSTRUCTIONS
DEVIS — ÉTUDES

Eugène GODARD
AÉRONAUTE

4, Rue Christiani (Bd. Barbès)

PARIS
18ᵉ Arrondissement

BREVETS D'INVENTION
(France Etranger)

Marques de Fabrique, Procès en contrefaçon, etc.

CASALONGA
Ingénieur-Conseil (depuis 1867)
PARIS
15, r. des Halles, 15

Propre-Directᵉ (depuis 1878) du Journal (25 fr. par an) LA

CHRONIQUE INDUSTRIELLE
DESSINS & GRAVURES SUR BOIS. CLICHÉS
Guides de l'Inventeur en chaque pays (2 fr. par Guide)

THE AERONAUTICAL JOURNAL
ILLUSTRATED

Contains all the latest news regarding
Balloons, Flying Machines, Kites
and all aërial apparatus

Published Quarterly
Price 1 shilling

King, Sell, & Railton, 4, Bolt Court
LONDON. E. C.

ARGUS DE LA PRESSE
FONDÉ EN 1789

*Pour être sûr de ne pas laisser échapper un journal qui l'aurait nommé, il était abonné à l'**Argus de la Presse** qui lit, découpe et traduit tous les journaux du monde, et en fournit les extraits sur n'importe quel sujet ».*

Hector Malot (ZYTE, p. 70 et 328).

L'Argus de la Presse fournit aux artistes, littérateurs, savants, hommes politiques, tout ce qui paraît sur leur compte dans les journaux et revues du monde entier.

L'Argus de la Presse est le collaborateur indiqué de tous ceux qui préparent un ouvrage, étudient une question, s'occupent de statistique, etc., etc.

S'adresser aux bureaux de l'Argus, **14, rue Drouot Paris.** — *Téléphone,*

L'Argus lit 5,000 journaux par jour

Illustrirte Aëronautische Mittheilungen

REVUE TRIMESTRIELLE ILLUSTRÉE

DE L'AÉRONAUTIQUE

*Organe de la Société de navigation aérienne de Munich
et de Strasbourg*

PUBLIEE AVEC LA COLLABORATION DES PRINCIPAUX SAVANTS

de l'Allemagne d'Autriche et de l'Etranger
Redigirt von

Dr. ROBERT EMDEN

Privatdocent an der technischen Hochschule in Munchen

Redaktionsbürsaux		Kommissionsverlag
STRASSBURG 1. E.:	MUNCHEN	VON KARL J. TRUNNER, STRASBURG 1. B.
Kalbsgasse 3.	Schellingstrasse 107.	Münsterplatz 9.

DAS

Zeppelin'sche Ballonproblem.

VORTRAG

gehalten in der Vollversammlung des Oesterr. Ingenieur-und

Architekten-Vereines

am 15. December 1900

K. U. K. HAUPTMANN HERMANN HOERNES

*Sonder-Abdruck aus der ,,Zeitschrift des Oesterr. Ingenieur-
und Architechten-Vereines" Nr. 12 u. 13.*

WIEN 1901

Verlag von Lehmann et Wentzel, Wien, I. Kärntnerstrasse 30.

DRUCK VON R. SPIES ET Cᵒ. IN WIEN

Les trente-deux premières années de l'AÉRONAUTE sont actuellement en vente aux prix suivants:
ANNÉES 1868, 1869, 1870, 1871 et 1872, chacune.............. 12 »»
    Chaque livraison..................................... 1 50
ANNÉES 1873, 1874, 1875, 1876, 1877, 1878, 1879, 1880, 1881, 1882,
1883, 1884, 1885, 1886, 1887, 1888, 1889, 1890, 1891, 1892, 1893,
1894, 1895, 1896, 1897 1898 1899 et 1900 chacune............ 6 »»
    Chaque livraison................................... » 75
    COLLECTION COMPLÈTE, avec l'année 1900................. 200 »»
Pour la province ou l'étranger, le port en sus.

La collection de l'AÉRONAUTE forme une véritable encyclopédie illustrée de la science aéronautique. Elle fournit tous les documents relatifs aux derniers perfectionnements, classés annuellement par ordre de matières et par noms d'auteurs.

Nous engageons nos souscripteurs, qui font relier la collection de l'AÉRONAUTE, à recommander au relieur de conserver les couvertures bleues sur lesquelles sont imprimées les notes bibliographiques comprenant la totalité des ouvrages aéronautiques.

Les personnes qui possèdent des livraisons isolées ou défraîchies de l'AÉRONAUTE, sont priées de ne pas les détruire. Nous les rachetons à des prix variant suivant la rareté et la propreté des exemplaires.

BIBLIOGRAPHIE

RÉFLEXIONS

d'un inconnu

SUR LA

LOCOMOTION AÉRIENNE

1° Bateaux. — 2° Insectes. — 3° Oiseaux — 4° Conditions que doit remplir l'appareil pour le mouvoir dans l'espace.— 5° Construction de l'appareil.

Conclusion.

Brochure de 38 pages, où l'inventeur d'un appareil mixte, préconise un système de roues à gaz hydrogène pur comme propulseur.

BELFORT

TYPOGRAPHIE ET LITHOGRAPHIE EUG. DEVILLERS
23 et 25, rue Thiers. — 1901

La Navigation aérienne. — Solution du problème par le plus lourd que l'air.

UNE NOUVELLE THÉORIE
UN NOUVEL APPAREIL

Moyens de réalisation. — Mai 1901

Par F. Roux, architecte du Gouvernement, expert, chevalier de la Légion d'honneur, officier d'Académie.

Brochure de 15 pages, chez CAMPROGER, 52, rue de Provence, Paris.

L'AÉRONAUTE

34ᵉ ANNÉE. — N° 6 — JUIN 1901

SOMMAIRE :

L'Aéronaute paraît tous les mois

RÉDACTION ET ABONNEMENTS

10, RUE DE LA PÉPINIÈRE, 10

PRIX DE L'ANNÉE COURANTE :

Un numéro : 75 centimes

PARIS : 6 FR. PAR AN. — DÉPARTEMENTS : 7 FR.
ALLEMAGNE, AUTRICHE, BELGIQUE, DANEMARK, EGYPTE, ESPAGNE
GRANDE-BRETAGNE, GRÈCE, ITALIE, LUXEMBOURG, MONTÉNÉGRO
NORVÈGE, PAYS-BAS, PORTUGAL, ROUMANIE, RUSSIE, SERBIE
SUÈDE, SUISSE, TURQUIE, TANGER, TUNIS : 8 FR.
ETATS-UNIS D'AMÉRIQUE : 9 FR.
BRÉSIL, MEXIQUE, PARAGUAY, PLATA ET ANTILLES : 12 FR.
CHINE, INDE, COCHINCHINE, SIAM, JAPON, AUSTRALIE, PÉROU
CHILI, BOLIVIE : 15 FR.

— CONDITIONS —

L'abonnement commence au 1ᵉʳ janvier

Il continue jusqu'à ce qu'on refuse le journal

Voir à la page précédente le prix des années écoulées.

Envoyer le prix de l'abonnement en un bon sur la poste au nom de M. TRIBOULET, *Architecte-Expert*

10, RUE DE LA PÉPINIÈRE, 10 (Paris 8ᵉ)

Paris 9ᵉ. — Imprimerie G. CAMPROGER, 52, rue de Provence

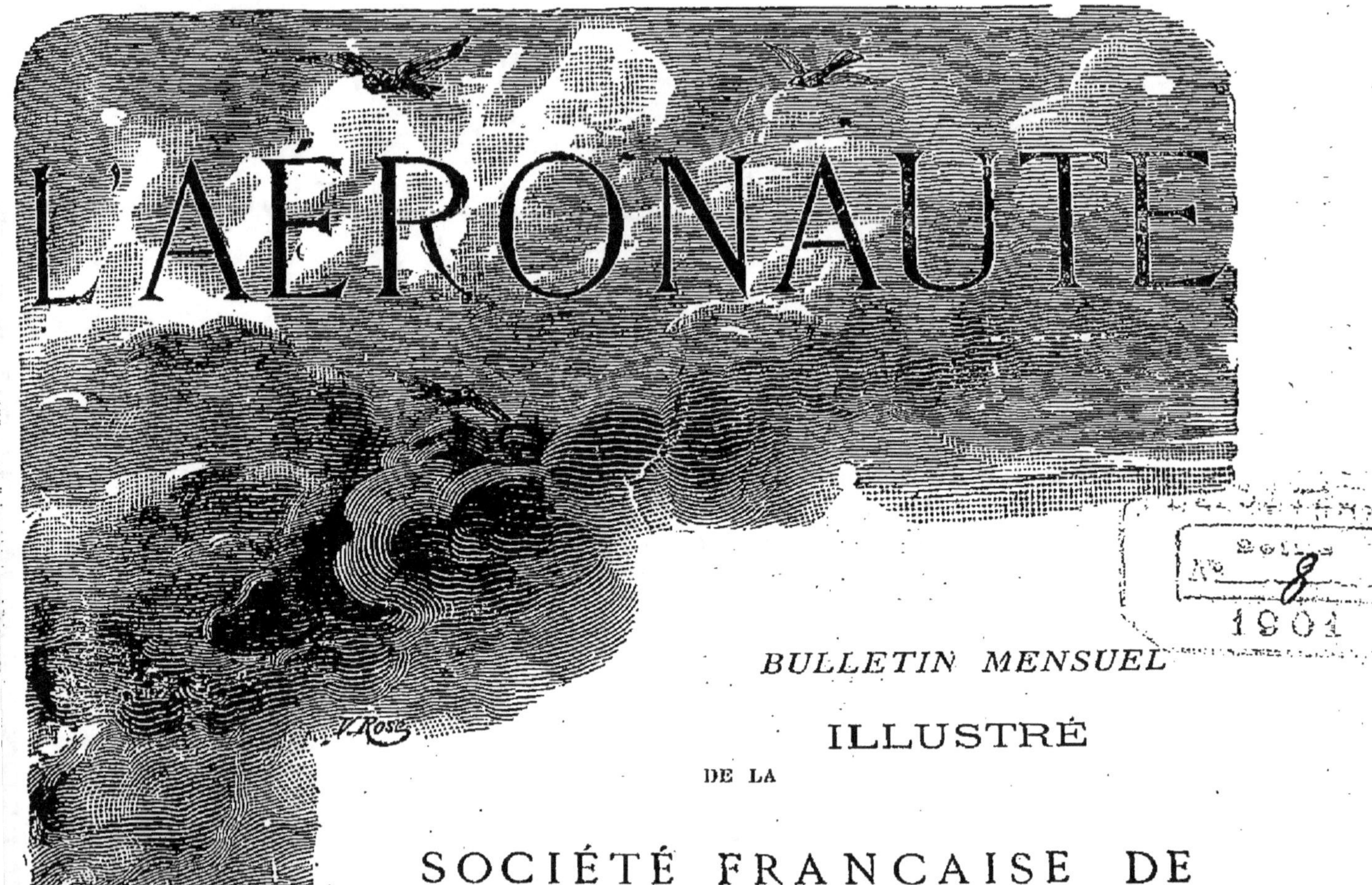

BULLETIN MENSUEL

ILLUSTRÉ

DE LA

SOCIÉTÉ FRANÇAISE DE NAVIGATION AÉRIENNE

Admis dans la Bibliothèque technologique de l'Exposition universelle de 1878
Honoré d'une médaille d'argent à l'Exposition du Travail de 1885
et d'une médaille de bronze à l'Exposition de 1889
Admis à l'Exposition de Chicago

FONDÉ PAR

LE Dr ABEL HUREAU DE VILLENEUVE

Organe de la Commission du Congrès International de 1889 et 1900

34e ANNÉE, N° 7

JUILLET 1901

PARIS : 6 FRANCS PAR AN. — DÉPARTEMENTS : 7 FRANCS. — UN NUMÉRO : 75 CENTIMES

RÉDACTION ET BUREAUX :

10, RUE DE LA PÉPINIÈRE, 10

PARIS

8e Arrondissement

Le comité de rédaction de l'*Aéronaute* ne se considère pas comme responsable des opinions scientifiques émises par les auteurs. Les manuscrits étant classés aux archives ne sont jamais rendus. Les travaux relatifs à l'art militaire adressés à la rédaction sont renvoyés à M. le Ministre de la Guerre, mais ne sont pas insérés.

Les anciens présidents annuels de la Société ont été : en 1872, Crocé-Spinelli ; en 1873, M. Janssen de l'Institut ; en 1874, Hervé Mangon, de l'Institut, ministre des travaux publics ; en 1875, le professeur Paul Bert, de l'Institut, ministre de l'instruction publique ; en 1876, M. le colonel Laussedat, de l'Institut, directeur du conservatoire des Arts-et-Métiers ; en 1877, le vicomte de Ponton d'Amécourt ; en 1878, Hureau de Villeneuve ; en 1879, le sénateur Rampont ; en 1880, M. le colonel Ch. Renard, directeur de l'usine aéronautique militaire de Chalais-Meudon ; en 1881, Gaston Tissandier ; en 1882, David Napoli, ingénieur, chef du laboratoire des essais des chemins de fer de l'Est ; en 1883, le général Perrier, de l'Institut ; en 1884, M. le professeur Marey, de l'Institut, professeur au Collège de France ; en 1885, Jamin, secrétaire perpétuel de l'Académie des Sciences ; en 1886. M. Berthelot, sénateur, membre de l'Institut, ancien ministre de l'Instruction publique ; en 1887, M. Marcel Deprez, de l'Institut ; en 1888, M. Rigaut ; en 1889, E. Frémy, de l'Institut ; en 1890, M. Yves Guyot, député, ancien ministre des Travaux publics ; en 1891, M. P. Touche, lieutenant-colonel de l'artillerie territoriale ; en 1892, M. Arson, chef des usines de la Compagnie parisienne du gaz ; en 1893, Spuller, sénateur, ancien ministre de l'Instruction publique ; en 1894, M. Alfred Cornu, de l'Institut ; en 1895, M. le général de division du génie Parmentier ; en 1896, M. le sénateur Paul Decauville ; en 1897, M. Radau membre de l'Institut, en 1898-99. M. W. de Fonvielle, 1900. M. Janssen membre de l'Institut

Le Bureau de la *Société française de Navigation aérienne* est ainsi constitué pour l'année 1901 :
Président d'honneur : M. le Ministre de l'Instruction publique.
Président : M. le prince Roland Bonaparte
Vice-Présidents : MM. de Fonvielle (Wilfrid). — Mallet, constructeur aéronaute — Cassé, ingénieur. — Le comte de La Vaulx. — Le comte de Castillon de Saint-Victor.
Secrétaire général : M. L Triboulet, architecte expert.
Secrétaires : MM. Wagner, Leloup, Rat, Houdar.
Trésorier : M. Vernanchet, artiste peintre
Archiviste : M Dumoutet, artiste peintre.
Le Conseil est formé par le bureau.
Vice-Président honoraire : M. Delpeut, avocat conseil de la Société.

Membres de la Société ayant racheté leurs cotisations :
MM. P. Bonnard, E. Cassé, Josselin, J. Leloup, E. Surcouf, Louis Triboulet.
On devient membre perpétuel par le versement d'une somme de cent cinquante francs versée par 1/3 ou en une fois.

Maurice MALLET

Aéronaute, Ingénieur-Constructeur

ASCENSIONS LIBRES & CAPTIVES

CONSTRUCTIONS
TRÈS SOIGNÉES D'AÉROSTATS
de toutes formes et toutes grandeurs

BALLONS SPÉCIAUX
pour observatoires
Montés ou non montés (soie, baudruche ou coton).

GÉNÉRATEUR D'HYDROGÈNE

TREUIL A VAPEUR & A BRAS

APPAREILS D'AVIATION

Bureaux : 63, Rue Lepic, PARIS 18ᵉ

GEORGES BESANÇON

OFFICIER D'ACADÉMIE

Ingénieur Aéronaute

EXPÉRIENCES ET ASCENSIONS SCIENTIFIQUES
VOYAGES AÉRIENS D'AMATEURS
Exploration des hautes régions de l'Atmosphère
PAR BALLONS-SONDES ET CERFS-VOLANTS

RUE DU SENTIER
Bois-Colombes (Seine)

THE AERONAUTICAL JOURNAL

ILLUSTRATED

Contains all the latest news regarding

Balloons, Flying Machines, Kites
and all aërial apparatus

Published Quarterly
Price 1 shilling

King, Sell, & Railton, 4, Bolt Court

LONDON. E. C.

L'INGÉNIEUR FRANÇAIS

97, RUE SAINT-LAZARE. — PARIS

Concours de l'Ingénieur Français

Un riche industriel, à qui sa fortune présente n'a pas fait oublier ses débuts difficiles comme inventeur, a décidé de prendre à sa charge les taxes, frais et honoraires qu'entraînerait la prise de *cinq* brevets concernant de inventions utiles.

Il a demandé à notre confrère *l'Ingénieur Français*, dont les bureaux sont situés, 97, rue Saint-Lazare, d'organiser un concours sur les cinq sujets suivants :

1° ACCUMULATEUR LÉGER, un des desiderata de l'industrie automobile;

2° MOTEUR LÉGER spécialement étudié pour ses applications à l'automobilisme et à la navigation aérienne;

3° UTILISATION INDUSTRIELLE DE L'ALCOOL sous forme d'appareil de chauffage ou d'éclairage, de moteur ou même de carburateur permettent l'emploi de l'alcool dans les moteurs existants. On admettra aussi dans cette catégorie les dénaturants nouveaux remplaçant avec avantage le méthylène;

4° CHANGEMENT DE VITESSE EN MARCHE ET ROUE-LIBRE POUR BICYCLETTE;

5° INVENTIONS D'UTILITÉ GÉNÉRALE. Dans cette catégorie rentreront tous les objets d'usage courant, quels qu'ils soient. Par exemple : encrier inversable, bouteille irremplissable, etc.

Pour les conditions du concours consulter l'Ingénieur Français.

Illustrirte Aëronautische Mittheilungen

REVUE TRIMESTRIELLE ILLUSTRÉE

DE L'AÉRONAUTIQUE

Organe de la Société de navigation aérienne de Munich et de Strasbourg

PUBLIEE AVEC LA COLLABORATION DES PRINCIPAUX SAVANTS

de l'Allemagne d'Autriche et de l'Etranger
Redigirt von

Dr. ROBERT EMDEN

Privatdocent an der technischen Hochschule in München

Redaktionsbürsaux | **Kommissionsverlag**
STRASSBURG 1. E.: MÜNCHEN VO KARL J. TRUNNER, STRASBURG 1.B.
Kalbsgasse 3.   Schellingstrasse 107.   Münsterplatz 9.

DAS

Zeppelin'sche Ballonproblem.

VORTRAG

gehalten in der Vollversammlung des Oesterr. Ingenieur-und

Architekten-Vereines

am 15. December 1900

K. U. K. HAUPTMANN HERMANN HOERNES

Sonder-Abdruck aus der „Zeitschrift des Oesterr. Ingenieur-und Architeckten-Vereines" Nr. 12 u. 13.

WIEN 1901

Verlag von Lehmann et Wentzel, Wien, I. Kärntnerstrasse 30

DRUCK VON R. SPIES ET Cᵒ. IN WIEN

Les trente-deux premières années de l'Aéronaute sont actuellement en vente aux prix suivants:

Années 1868, 1869, 1870, 1871 et 1872, chacune............... 12 »»
   Chaque livraison.. .... 1 50
Années 1873, 1874, 1875, 1876, 1877, 1878, 1879, 1880, 1881, 1882, 1883, 1884, 1885, 1886, 1887, 1888, 1889, 1890, 1891, 1892, 1893, 1894, 1895, 1896, 1897 1898 1899 et 1900 chacune............. 6 »»
   Chaque livraison .... » 75
   COLLECTION COMPLÈTE, avec l'année 1900.................. 200 »»

Pour la province ou l'étranger, le port en sus.

La collection de l'Aéronaute forme une véritable encyclopédie illustrée de la science aéronautique. Elle fournit tous les documents relatifs aux derniers perfectionnements, classés annuellement par ordre de matières et par noms d'auteurs.

Nous engageons nos souscripteurs, qui font relier la collection de l'Aéronaute, à recommander au relieur de conserver les couvertures bleues sur lesquelles sont imprimées les notes bibliographiques comprenant la totalité des ouvrages aéronautiques.

Les personnes qui possèdent des livraisons isolées ou défraîchies de l'Aéronaute, sont priées de ne pas les détruire. Nous les rachetons à des prix variant suivant la rareté et la propreté des exemplaires.

BIBLIOGRAPHIE

RÉFLEXIONS

d'un inconnu

SUR LA

LOCOMOTION AÉRIENNE

1º Bateaux. — 2º Insectes. — 3º Oiseaux. — 4º Conditions que doit remplir l'appareil pour le mouvoir dans l'espace.— 5º Construction de l'appareil.

Conclusion.

Brochure de 38 pages, où l'inventeur d'un appareil mixte, préconise un système de roues à gaz hydrogène pur comme propulseur.

BELFORT

TYPOGRAPHIE ET LITHOGRAPHIE EUG. DEVILLERS
23 et 25, rue Thiers. — 1901

La Navigation aérienne. — Solution du problème par le plus lourd que l'air.

UNE NOUVELLE THÉORIE
UN NOUVEL APPAREIL

Moyens de réalisation. — Mai 1901

Par F. Roux, architecte du Gouvernement, expert, chevalier de la Légion d'honneur, officier d'Académie.

Brochure de 15 pages, chez CAMPROGER, 52, rue de Provence, Paris.

L'AÉRONAUTE

84° ANNÉE. — N° 7 — JUILLET 1901

SOMMAIRE :

Société Française de Navigation aérienne. — Séance du 27 juin 1901 sous la présidence du prince Roland Bonaparte. — Compte rendu de l'Ascension du 7 juin, par M. YVES DE RAISMES.

Commission permanente Internationale d'Aéronautique. — Séances du 27 juin et 18 juillet à l'Institut de France. — Le Cerf-Volant comme engin de sauvetage par M. E. Wenz. — Statoscope pour ballons de M. Richard.

Expériences de M. Santos Dumont (12 et 13 juillet 1901). — Nécrologie. Jouffryon (François), aéronaute du Siège.

L'AÉRONAUTE PARAIT TOUS LES MOIS

RÉDACTION ET ABONNEMENTS

10, RUE DE LA PÉPINIÈRE, 10

PRIX DE L'ANNÉE COURANTE :

Un numéro : 75 centimes

PARIS : 6 FR. PAR AN. — DÉPARTEMENTS : 7 FR.
ALLEMAGNE, AUTRICHE, BELGIQUE, DANEMARK, EGYPTE, ESPAGNE
GRANDE-BRETAGNE, GRÈCE, ITALIE, LUXEMBOURG, MONTÉNÉGRO
NORVÈGE, PAYS-BAS, PORTUGAL, ROUMANIE, RUSSIE, SERBIE
SUÈDE, SUISSE, TURQUIE, TANGER, TUNIS : 8 FR.
ETATS-UNIS D'AMÉRIQUE : 9 FR.
BRÉSIL, MEXIQUE, PARAGUAY, PLATA ET ANTILLES : 12 FR.
CHINE, INDE, COCHINCHINE, SIAM, JAPON, AUSTRALIE, PÉROU
CHILI, BOLIVIE : 15 FR.

— CONDITIONS —

L'abonnement commence au 1er janvier

Il continue jusqu'à ce qu'on refuse le journal

Voir à la page précédente le prix des années écoulées.

Envoyer le prix de l'abonnement en un bon sur la poste au nom de M. TRIBOULET, *Architecte-Expert*

10, RUE DE LA PÉPINIÈRE, 10 (Paris 8e)

L'AÉRONAUTE

BULLETIN MENSUEL 1901

ILLUSTRÉ

DE LA

SOCIÉTÉ FRANÇAISE DE

NAVIGATION AÉRIENNE

Admis dans la Bibliothèque technologique de l'Exposition universelle de 1878
Honoré d'une médaille d'argent à l'Exposition du Travail de 1885
et d'une médaille de bronze à l'Exposition de 1889
Admis à l'Exposition de Chicago

FONDÉ PAR

LE Dr ABEL HUREAU DE VILLENEUVE

Organe de la Commission du Congrès International de 1889 et 1900

34ᵉ ANNÉE, Nᵒ 8

AOUT 1901

PARIS : 6 FRANCS PAR AN. — DÉPARTEMENTS : 7 FRANCS. — UN NUMÉRO : 75 CENTIMES

RÉDACTION ET BUREAUX :

10, RUE DE LA PÉPINIÈRE, 10

PARIS

8ᵉ Arrondissement

Le comité de rédaction de l'*Aéronaute* ne se considère pas comme responsable des opinions scientifiques émises par les auteurs. Les manuscrits étant classés aux archives ne sont jamais rendus. Les travaux relatifs à l'art militaire adressés à la rédaction sont renvoyés à M. le Ministre de la Guerre, mais ne sont pas insérés.

Les anciens présidents annuels de la Société ont été : en 1872, Crocé-Spinelli ; en 1873, M. Janssen de l'Institut ; en 1874, Hervé Mangon, de l'Institut, ministre des travaux publics ; en 1875, le professeur Paul Bert, de l'Institut, ministre de l'instruction publique ; en 1876, M. le colonel Laussedat, de l'Institut, directeur du conservatoire des Arts-et-Métiers ; en 1877, le vicomte de Ponton d'Amécourt ; en 1878, Hureau de Villeneuve ; en 1879, le sénateur Rampont ; en 1880, M. le colonel Ch. Renard, directeur de l'usine aéronautique militaire de Chalais-Meudon ; en 1881, Gaston Tissandier ; en 1882, David Napoli, ingénieur, chef du laboratoire des essais des chemins de fer de l'Est ; en 1883, le général Perrier, de l'Institut ; en 1884, M. le professeur Marey, de l'Institut, professeur au Collège de France ; en 1885, Jamin, secrétaire perpétuel de l'Académie des Sciences ; en 1886, M. Berthelot, sénateur, membre de l'Institut, ancien ministre de l'Instruction publique ; en 1887, M. Marcel Deprez, de l'Institut ; en 1888, M. Rigaut ; en 1889, E. Frémy, de l'Institut ; en 1890, M. Yves Guyot, député, ancien ministre des Travaux publics ; en 1891, M. P. Touche, lieutenant-colonel de l'artillerie territoriale ; en 1892, M. Arson, chef des usines de la Compagnie parisienne du gaz ; en 1893, Spuller, sénateur, ancien ministre de l'Instruction publique ; en 1894, M. Alfred Cornu, de l'Institut ; en 1895, M. le général de division du génie Parmentier ; en 1896, M. le sénateur Paul Decauville ; en 1897, M. Radau membre de l'Institut, en 1898-99. M. W. de Fonvielle, 1900. M. Janssen membre de l'Institut.

Le Bureau de la *Société française de Navigation aérienne* est ainsi constitué pour l'année 1901 :
Président d'honneur : M. le Ministre de l'Instruction publique.
Président : M. le prince Roland Bonaparte.
Vice-Présidents : MM. de Fonvielle (Wilfrid). — Mallet, constructeur aéronaute — Cassé, ingénieur. — Le comte de La Vaulx. — Le comte de Castillon de Saint-Victor.
Secrétaire général : M. L. Triboulet, architecte expert.
Secrétaires : MM. Wagner, Leloup, Rat, Houdar.
Trésorier : M. Vernanchet, artiste peintre
Archiviste : M Dumoutet, artiste peintre.
Le Conseil est formé par le bureau.
Vice-Président honoraire : M. Delpeut, avocat conseil de la Société.

Membres de la Société ayant racheté leurs cotisations :
MM. P. Bonnard, E. Cassé, Josselin, J. Leloup, E. Surcouf, Louis Triboulet.
On devient membre perpétuel par le versement d'une somme de cent cinquante francs versée par 1/3 ou en une fois.

Maurice MALLET

Aéronaute, Ingénieur-Constructeur

ASCENSIONS LIBRES & CAPTIVES

CONSTRUCTIONS
TRÈS SOIGNÉES D'AÉROSTATS
de toutes formes et toutes grandeurs

BALLONS SPÉCIAUX
pour observatoires
Montés ou non montés (soie, baudruche ou coton).

GÉNÉRATEUR D'HYDROGÈNE

TREUIL A VAPEUR & A BRAS

APPAREILS D'AVIATION

Bureaux : 63, Rue Lepic, PARIS 18ᵉ

GEORGES BESANÇON

OFFICIER D'ACADÉMIE

Ingénieur Aéronaute

EXPÉRIENCES ET ASCENSIONS SCIENTIFIQUES
VOYAGES AÉRIENS D'AMATEURS
Exploration des hautes régions de l'Atmosphère
PAR BALLONS-SONDES ET CERFS-VOLANTS

RUE DU SENTIER
Bois-Colombes (Seine)

Illustrirte Aëronautische Mittheilungen

REVUE TRIMESTRIELLE ILLUSTRÉE

DE L'AERONAUTIQUE

Organe de la Société de navigation aérienne de Munich
et de Strasbourg

PUBLIEE AVEC LA COLLABORATION DES PRINCIPAUX SAVANTS

de l'Allemagne d'Autriche et de l'Etranger

Redigirt von

Dr. ROBERT EMDEN

Privatdocent an der technischen Hochschule in München

Redaktionsbürsaux		Kommissionsverlag
STRASSBURG 1. E.: MÜNCHEN	VON KARL J. TRÜNNER, STRASBURG 1 B.	
Kalbsgasse 3. Schellingstrasse 107.	Münsterplatz 9.	

DAS

Zeppelin'sche Ballonproblem.

VORTRAG

gehalten in der Vollversammlung des Oesterr. Ingenieur-und

Architekten-Vereines

am 15. December 1900

K. U. K. HAUPTMANN HERMANN HOERNES

Sonder-Abdruck aus der „Zeitschrift des Oesterr. Ingenieur-
und Architeckten-Vereines" Nr. 12 u. 13.

WIEN 1901

Verlag von **Lehmann et Wentzel**, Wien, I. Kärntnerstrasse 50

BRUCK VON R. SPIES ET Cº. IN WIEN

Les trente-deux premières années de l'Aéronaute sont actuellement en vente aux prix suivants :

Années 1868, 1869, 1870, 1871 et 1872, chacune.................. 12 »»
    Chaque livraison... 1.50
Années 1873, 1874, 1875, 1876, 1877, 1878, 1879, 1880, 1881, 1882,
1883, 1884, 1885, 1886, 1887, 1888, 1889, 1890, 1891, 1892, 1893,
1894, 1895, 1896, 1897 1898 1899 et 1900 chacune............ 6 »»
    Chaque livraison .... » 75
    COLLECTION COMPLÈTE, avec l'année 1900................... 200 »»
Pour la province ou l'étranger, le port en sus.

La collection de l'Aéronaute forme une véritable encyclopédie illustrée de la science aéronautique. Elle fournit tous les documents relatifs aux derniers perfectionnements, classés annuellement par ordre de matières et par noms d'auteurs.

Nous engageons nos souscripteurs, qui font relier la collection de l'Aéronaute, à recommander au relieur de conserver les couvertures bleues sur lesquelles sont imprimées les notes bibliographiques comprenant la totalité des ouvrages aéronautiques.

Les personnes qui possèdent des livraisons isolées ou défraîchies de l'Aéronaute, sont priées de ne pas les détruire. Nous les rachetons à des prix variant suivant la rareté et la propreté des exemplaires.

EXHIBITION

ET CONCOURS D'APPAREILS D'AVIATION

Plus lourds que l'air

Tous les appareils se rattachant à l'aviation pourront se présenter et concourir et seront classés suivant leur genre dans une des trois grandes divisions suivantes :

CLASSE 1. — Hélicoptères, ou appareils empruntant leur force ascensionnelle à l'hélice seule.

CLASSE 2. — Orthoptères, ou oiseaux artificiels, s'enlevant au moyen d'ailes battantes.

CLASSE 3. — Aéroplanes ou appareils s'enlevant par la seule pression de l'air sous des surfaces immobiles.

S'adresser pour renseignements à *l'Office Mondain*, 11, Avenue de l'Opéra, (*Téléphone 239-34*).

L'AÉRONAUTE

34ᵉ ANNÉE. — Nᵒ 8 — AOUT 1901

SOMMAIRE :

L'AÉRONAUTE PARAIT TOUS LES MOIS

RÉDACTION ET ABONNEMENTS

10, RUE DE LA PÉPINIÈRE, 10

PRIX DE L'ANNÉE COURANTE :

Un numéro : 75 centimes

PARIS : 6 FR. PAR AN. — DÉPARTEMENTS : 7 FR.
ALLEMAGNE, AUTRICHE, BELGIQUE, DANEMARK, EGYPTE, ESPAGNE
GRANDE-BRETAGNE, GRÈCE, ITALIE, LUXEMBOURG, MONTÉNÉGRO
NORVÉGE, PAYS-BAS, PORTUGAL, ROUMANIE, RUSSIE, SERBIE
SUÈDE, SUISSE, TURQUIE, TANGER, TUNIS : 8 FR.
ETATS-UNIS D'AMÉRIQUE : 9 FR.
BRÉSIL, MEXIQUE, PARAGUAY, PLATA ET ANTILLES : 12 FR.
CHINE, INDE, COCHINCHINE, SIAM, JAPON, AUSTRALIE, PÉROU
CHILI, BOLIVIE : 15 FR.

— CONDITIONS —

L'abonnement commence au 1ᵉʳ janvier

Il continue jusqu'à ce qu'on refuse le journal

Voir à la page précédente le prix des années écoulées.

Envoyer le prix de l'abonnement en un bon sur la poste au nom de M. TRIBOULET, *Architecte-Expert*

10, RUE DE LA PÉPINIÈRE, 10 (Paris 8ᵉ)

Paris 9ᵉ. — Imprimerie G. CAMPROGER, 52, rue de Provence

L'AÉRONAUTE

BULLETIN MENSUEL

ILLUSTRÉ

DE LA

SOCIÉTÉ FRANÇAISE DE

NAVIGATION AÉRIENNE

Admis dans la Bibliothèque technologique de l'Exposition universelle de 1878
Honoré d'une médaille d'argent à l'Exposition du Travail de 1885
et d'une médaille de bronze à l'Exposition de 1889
Admis à l'Exposition de Chicago

FONDÉ PAR

LE Dʳ ABEL HUREAU DE VILLENEUVE

Organe de la Commission du Congrès International de 1889 et 1900

34ᵉ ANNÉE, Nᵒ 9

SEPTEMBRE 1901

PARIS : 6 FRANCS PAR AN. — DÉPARTEMENTS : 7 FRANCS. — UN NUMÉRO : 75 CENTIMES

RÉDACTION ET BUREAUX :

10, RUE DE LA PÉPINIÈRE, 10

PARIS

8ᵉ Arrondissement

Le comité de rédaction de l'*Aéronaute* ne se considère pas comme responsable des opinions scientifiques émises par les auteurs. Les manuscrits étant classés aux archives ne sont jamais rendus. Les travaux relatifs à l'art militaire adressés à la rédaction sont renvoyés à M le Ministre de la Guerre, mais ne sont pas insérés.

Les anciens présidents annuels de la Société ont été : en 1872, Crocé-Spinelli ; en 1873, M. Janssen de l'Institut; en 1874, Hervé Mangon, de l'Institut, ministre des travaux publics ; en 1875, le professeur Paul Bert, de l'Institut, ministre de l'instruction publique ; en 1876, M. le colonel Laussedat, de l'Institut, directeur du conservatoire des Arts-et-Métiers ; en 1877, le vicomte de Ponton d'Amécourt ; en 1878, Hureau de Villeneuve ; en 1879, le sénateur Rampont; en 1880, M. le colonel Ch. Renard, directeur de l'usine aéronautique militaire de Chalais-Meudon ; en 1881, Gaston Tissandier ; en 1882, David Napoli, ingénieur, chef du laboratoire des essais des chemins de fer de l'Est : en 1883, le général Perrier, de l'Institut ; en 1884, M. le professeur Marey, de l'Institut, professeur au Collège de France : en 1885, Jamin, secrétaire perpétuel de l'Académie des Sciences ; en 1886 M. Berthelot, sénateur, membre de l'Institut, ancien ministre de l'Instruction publique ; en 1887, M. Marcel Deprez, de l'Institut ; en 1888, M. Rigaut ; en 1889, E. Frémy, de l'Institut ; en 1890, M Yves Guyot, député, ancien ministre des Travaux publics ; en 1891, M. P. Touche, lieutenant-colonel de l'artillerie territoriale ; en 1892, M. Arson, chef des usines de la Compagnie parisienne du gaz ; en 1893, Spuller, sénateur, ancien ministre de l'Instruction publique ; en 1894, M. Alfred Cornu, de l'Institut ; en 1895, M. le général de division du génie Parmentier ; en 1896, M. le sénateur Paul Decauville ; en 1897. M Radau membre de l'Institut, en 1898-99. M. W. de Fonvielle, 1900 .M. Janssen membre de l'Institut

Le Bureau de la *Société française de Navigation aérienne* est ainsi constitué pour l'année 1901 :

Président d'honneur: M. le Ministre de l'Instruction publique.
Président: M. le prince Roland Bonaparte
Vice-Présidents : MM. de Fonvielle (Wilfrid). — Mallet, constructeur aéronaute — Cassé, ingénieur. — Le comte de La Vaulx. — Le comte de Castillon de Saint-Victor.
Secrétaire général: M. L Triboulet, architecte expert.
Secrétaires: MM. Wagner, Leloup, Rat, Houdar.
Trésorier: M. Vernanchet, artiste peintre
Archiviste : M Dumoutet, artiste peintre.
Le Conseil est formé par le bureau.
Vice-Président honoraire: M. Delpeut, avocat conseil de la Société.

Membres de la Société ayant racheté leurs cotisations :
MM. P. Bonnard, E. Cassé, Josselin, J. Leloup, E. Surcouf, Louis Triboulet.
On devient membre perpétuel par le versement d'une somme de cent cinquante francs versée par 1/3 ou en une fois.

L'AÉRONAUTE

BULLETIN MENSUEL ILLUSTRÉ

SOCIÉTÉ FRANÇAISE DE NAVIGATION AÉRIENNE

Admis dans la Bibliothèque technologique de l'Exposition universelle de 1878
Honoré d'une médaille d'argent à l'Exposition du Travail de 1885
et d'une médaille de bronze à l'Exposition de 1889
Admis à l'Exposition de Chicago

FONDÉ PAR

LE Dr ABEL HUREAU DE VILLENEUVE

Organe de la Commission du Congrès International de 1889 et 1900

34ᵉ ANNÉE, Nᵒ 10

OCTOBRE 1901

PARIS : 6 FRANCS PAR AN. — DÉPARTEMENTS : 7 FRANCS. — UN NUMÉRO : 75 CENTIMES

RÉDACTION ET BUREAUX :

10, RUE DE LA PÉPINIÈRE, 10

PARIS

8e Arrondissement

Le comité de rédaction de l'*Aéronaute* ne se considère pas comme responsable des opinions scientifiques émises par les auteurs. Les manuscrits étant classés aux archives ne sont jamais rendus. Les travaux relatifs à l'art militaire adressés à la rédaction sont renvoyés à M le Ministre de la Guerre, mais ne sont pas insérés.

Les anciens présidents annuels de la Société ont été : en 1872. Crocé-Spinelli ; en 1873. M. Janssen de l'Institut; en 1874, Hervé Mangon, de l'Institut, ministre des travaux publics ; en 1875, le professeur Paul Bert, de l'Institut, ministre de l'instruction publique ; en 1876. M le colonel Laussedat, de l'Institut, directeur du Conservatoire des Arts-et-Métiers ; en 1877, le vicomte de Ponton d'Amécourt ; en 1878. Hureau de Villeneuve ; en 1879, le sénateur Rampont ; en 1880. M. le colonel Ch. Renard, directeur de l'usine aéronautique militaire de Chalais-Meudon ; en 1881, Gaston Tissandier ; en 1882, David Napoli, ingénieur. chef du laboratoire des essais des chemins de fer de l'Est : en 1883, le général Perrier, de l'Institut ; en 1884, M. le professeur Marey, de l'Institut, professeur au Collège de France ; en 1885, Jamin, secrétaire perpétuel de l'Académie des Sciences ; er 1886 M. Berthelot, sénateur, membre de l'Institut, ancien ministre de l'Instruction publique ; en 1887, M. Marcel Deprez, de l'Institut : en 1888, M. Rigaut ; en 1889, E. Frémy, de l'Institut ; en 1890, M Yves Guyot, député, ancien ministre des Travaux publics ; en 1891, M. P. Touche, lieutenant-colonel de l'artillerie territoriale ; en 1892, M. Arson, chef des usines de la Compagnie parisienne du gaz ; en 1893, Spuller, sénateur. ancien ministre de l'Instruction publique ; en 1894, M. Alfred Cornu, de l'Institut ; en 1895, M. le général de division du génie Parmentier ; en 1896, M. le sénateur Paul Decauville ; en 1897. M Radau membre de l'Institut, en 1898-99. M. W. de Fonvielle, 1900. M. Janssen membre de l'institut

Le Bureau de la *Société française de Navigation aérienne* est ainsi constitué pour l'année 1901 :
Président d'honneur : M. le Ministre de l'Instruction publique.
Président : M. le prince Roland Bonaparte
Vice-Présidents : MM. de Fonvielle (Wilfrid). — Mallet, constructeur aéronaute — Cassé, ingénieur. — Le comte de La Vaulx. — Le comte de Castillon de Saint-Victor.
Secrétaire général : M L Triboulet, architecte expert.
Secrétaires : MM. Wagner, Leloup, Rat, Houdar.
Trésorier : M. Vernanchet, artiste peintre
Archiviste : M Dumoutet, artiste peintre.
Le Conseil est formé par le bureau.
Vice-Président honoraire : M. Delpeut, avocat conseil de la Société.

Membres de la Société ayant racheté leurs cotisations :
MM. P. Bonnard, E. Cassé, Josselin, J. Leloup, E. Surcouf, Louis Triboulet.
On devient membre perpétuel par le versement d'une somme de cent cinquante francs versée par 1/3 ou en une fois.

Maurice MALLET

Aéronaute, Ingénieur-Constructeur

ASCENSIONS LIBRES & CAPTIVES

CONSTRUCTIONS
TRÈS SOIGNÉES D'AÉROSTATS
de toutes formes et toutes grandeurs

BALLONS SPÉCIAUX
pour observatoires
Montés ou non montés (soie, baudruche ou coton).

GÉNÉRATEUR D'HYDROGÈNE

TREUIL A VAPEUR & A BRAS

APPAREILS D'AVIATION

Bureaux : 63, Rue Lepic, PARIS 18ᵉ

SOCIÉTÉ FRANÇAISE DE PHOTOGRAPHIE
RECONNUE D'UTILITÉ PUBLIQUE

COURS ÉLÉMENTAIRE
DE
PHOTOGRAPHIE
En vingt leçons, avec projections
Par M. Ernest COUSIN A. Q

Le COURS PUBLIC DE PHOTOGRAPHIE, en vingt leçons, confié à M. Ernest COUSIN par la *Société Française de Photographie*, se rouvrira le Mercredi 30 octobre, à 9 heures du soir, pour être continué les mercredis suivants, à la même heure, dans les locaux de la Société, 76, rue des Petits-Champs, à à Paris. Les dames sont admises.

ENTREPRISE DE TOUS
TRAVAUX DE COMPTABILITÉ
Fondée en 1850

pour **PARIS** et la **PROVINCE**   53 Rue de **RIVOLI**

Téléphone   PARIS

EXÉCUTION - DIRECTION - EXPERTISE

JOURNAL DU CIEL
Bulletin de la Société d'Astronomie

Prête à chacun de ses abonnés une lunette grossissant cinquante fois en diamètre.

Cour de Rohan, PARIS 6ᵉ

ABONNEMENT: 10 fr. France et Etranger.

AÉROSTATION CIVILE & MILITAIRE

BALLONS CAPTIFS A VAPEUR
ASCENSIONS - CONSTRUCTIONS
DEVIS — ÉTUDES

Eugène GODARD
AÉRONAUTE
4, Rue Christiani (Bd. Barbès)
PARIS
18ᵉ Arrondissement

BREVETS D'INVENTION
(France Etranger)

Marques de Fabrique, Procès en contrefaçon, etc.

CASALONGA
Ingénieur-Conseil (depuis 1867)
PARIS
15, r. des Halles, 15

Propr⁻-Direct⁻ (depuis 1878) du Journal (25 fr. par an) LA

CHRONIQUE INDUSTRIELLE
DESSINS & GRAVURES SUR BOIS. CLICHÉS
Guides de l'Inventeur en chaque pays (2 fr. par Guide)

THE AERONAUTICAL JOURNAL
ILLUSTRATED

Contains all the latest news regarding

Balloons, Flying Machines, Kites
and all aërial apparatus

Published Quarterly
Price 1 shilling

King, Sell, & Railton, 4, Bolt Court
LONDON. E. C.

ACADÉMIE DE PARIS
ÉCOLE PRIMAIRE SUPÉRIEURE ET PROFESSIONNELLE
de Rambouillet (Seine-et-Oise)

L'École primaire supérieure de Rambouillet, créée en 1899, est installée dans de vastes et magnifiques locaux réunissant toutes les conditions désirables au point de vue hygiénique et pédagogique.

Cet établissement, situé sur le plateau où s'élève le nouveau quartier de la ville, à proximité de la gare, du Parc, du Château et de la forêt, se compose de salles de classe bien aérées, de dortoirs spacieux, de deux ateliers de travail manuel, d'un champ d'expériences agricoles, d'un laboratoire de chimie, d'une salle de dessin, d'une grande cour complantée d'arbres, d'un beau préau couvert, etc. Le matériel d'enseignement est complet, et le mobilier des classes ainsi que celui de l'internat sont très confortables.

Pensionnat

L'École reçoit des pensionnaires, des demi-pensionnaires, des externes surveillés, et des externes libres.

Le prix de la pension varie avec l'âge de l'élève.

Il est de 500 fr. pour les enfants au-dessous de 8 ans.

De 550 fr. de 8 à 11 ans.

De 600 fr. de 11 à 13 ans.

De 650 fr. pour plus de 13 ans.

S'adresser au directeur, M. THÉOCRITE, licencié ès-sciences physiques et licencié ès-sciences naturelles, officier d'Académie, à Rambouillet.

Illustrirte Aëronautische Mittheilungen

REVUE TRIMESTRIELLE ILLUSTRÉE

DE L'AÉRONAUTIQUE

*Organe de la Société de navigation aérienne de Munich
et de Strasbourg*

PUBLIEE AVEC LA COLLABORATION DES PRINCIPAUX SAVANTS

de l'Allemagne d'Autriche et de l'Etranger

Redigirt von

Dr. ROBERT EMDEN

Privatdocent an der technischen Hochschule in München

Redaktionsbürsaux	Kommissionsverlag
STRASSBURG 1. E.: MÜNCHEN	VON KARL J. TRÜBNER, STRASBURG 1 B.
Kalbsgasse 3. Schellingstrasse 107.	Münsterplatz 9.

LE

DOMAINE AÉRIEN

et le

Régime Juridique des Aérostats

par

Paul FAUCHILLE

DIRECTEUR DE LA REVUE GÉNÉRALE DE DROIT INTERNATIONAL PUBLIC
ASSOCIÉ DE L'INSTITUT DE DROIT INTERNATIONAL

PARIS

A. PEDOUE, Éditeur

Libraire de la Cour d'Appel et de l'Ordre des Avocats

13, RUE SOUFFLOT, 13

—

1901

Les indications techniques nécessaires à la confection de
ce travail ont été fournies par M. le Commandant Paul Renard, sous-directeur de l'Etablissement aérostatique de Chalais, par M. le Commandant Hirschauer, commandant le
bataillon des aérostiers à Versailles et par M. Malfroy, professeur au Lycée Lakanal.

Les trente-deux premières années de l'Aéronaute sont actuellement en vente aux prix suivants :
Années 1868, 1869, 1870, 1871 et 1872, chacune.............. 12 »»
    Chaque livraison.... .. .. 1 50
Années 1873, 1874, 1875, 1876, 1877, 1878, 1879, 1880, 1881, 1882, 1883, 1884, 1885, 1886, 1887, 1888, 1889, 1890, 1891, 1892, 1893, 1894, 1895, 1896, 1897 1898 1899 e 1900 chacune.:.......... 6 »»
    Chaque livraison .. .. » 75
    COLLECTION COMPLÈTE, avec l'année 1900................ 200 »»
Pour la province ou l'étranger, le port en sus.

La collection de l'Aéronaute forme une véritable encyclopédie illustrée de la science aéronautique. Elle fournit tous les documents relatifs aux derniers perfectionnements, classés annuellement par ordre de matières et par noms d'auteurs.

Nous engageons nos souscripteurs, qui font relier la collection de l'Aéronaute, à recommander au relieur de conserver les couvertures bleues sur lesquelles sont imprimées les notes bibliographiques comprenant la totalité des ouvrages aéronautiques

Les personnes qui possèdent des livraisons isolées ou défraîchies de l'Aéronaute, sont priées de e pas les détruire. Nous les rachetons à des prix variant suiva t a rareté et la propreté des exemplaires.

EXHIBITION

ET CONCOURS D'APPAREILS D'AVIATION

Plus lourds que l'air

Sous le patronage de l'Aéro-Club de France et de la Commission Internationale d'Aéronautique.

Vélodrome du Parc des Princes (les 13 et 14 novembre.)

Tous les appareils se rattachant à l'aviation pourront se présenter et concourir et seront classés suivant leur genre dans une des trois grandes divisions suivantes :

CLASSE 1. — Concours d'appareils d'Aviation montés.

CLASSE 2. — Concours d'appareils d'Aviation non montés.

CLASSE 3. — Concours de Cerfs-volants.

S'adresser pour renseignements à M. Frédéric Delagneau, vice-président, 11, Avenue de l'Opéra, (*Téléphone 239-34*), et à M. Surcouf Edouard, secrétaire du Comité d'organisation, 2, Avenue de la Bourdonnais. (Paris 7ᵉ arrᵗ.)

(40 Concurrents sont déjà inscrits.)

L'AÉRONAUTE

34ᵉ ANNÉE. — Nᵒ 10 — OCTOBRE 1901

SOMMAIRE :

L'Aéronaute PARAIT TOUS LES MOIS

RÉDACTION ET ABONNEMENTS

10, RUE DE LA PÉPINIÈRE, 10

PRIX DE L'ANNÉE COURANTE :

Un numéro : 75 centimes

PARIS : 6 FR. PAR AN. — DÉPARTEMENTS : 7 FR.
ALLEMAGNE, AUTRICHE, BELGIQUE, DANEMARK, EGYPTE, ESPAGNE
GRANDE-BRETAGNE, GRÈCE, ITALIE, LUXEMBOURG, MONTÉNÉGRO
NORVÉGE, PAYS-BAS, PORTUGAL, ROUMANIE, RUSSIE, SERBIE
SUÈDE, SUISSE, TURQUIE, TANGER, TUNIS : 8 FR.
ETATS-UNIS D'AMÉRIQUE : 9 FR.
BRÉSIL, MEXIQUE, PARAGUAY, PLATA ET ANTILLES : 12 FR.
CHINE, INDE, COCHINCHINE, SIAM, JAPON, AUSTRALIE, PÉROU
CHILI, BOLIVIE : 15 FR.

— CONDITIONS —

L'abonnement commence au 1ᵉʳ janvier

Il continue jusqu'à ce qu'on refuse le journal

Voir à la page précédente le prix des années écoulées.

Envoyer le prix de l'abonnement en un bon sur la poste au nom de M. TRIBOULET, *Architecte-Expert*

10, RUE DE LA PÉPINIÈRE, 10 (Paris 8ᵉ)

Paris 9ᵉ. — Imprimerie G. CAMPROGER, 52, rue de Provence

Les trente-deux premières années de l'Aéronaute sont actuellement en vente aux prix suivants:
Années 1868, 1869, 1870, 1871 et 1872, chacune............... 12 »»
    Chaque livraison... .. .. 1 50
Années 1873, 1874, 1875, 1876, 1877, 1878, 1879, 1880, 1881, 1882,
1883, 1884, 1885, 1886, 1887, 1888, 1889, 1890, 1891, 1892, 1893,
1894, 1895, 1896, 1897 1898 1899 et 1900 chacune............ 6 »»
    Chaque livraison........................... » 75
    COLLECTION COMPLÈTE avec l'année 1900................. 200 »»
Pour la province ou l'étranger, le port en sus.

La collection de l'Aéronaute forme une véritable encyclopédie
illustrée de la science aéronautique. Elle fournit tous les documents relatifs aux derniers perfectionnements, classés annuellement par ordre de matières et par noms d'auteurs.

Nous engageons nos souscripteurs, qui font relier la collection de l'Aéronaute, à recommander au relieur de conserver les
couvertures bleues sur lesquelles sont imprimées les notes
bibliographiques comprenant la totalité des ouvrages aéronautiques.

Les personnes qui possèdent des livraisons isolées ou défraîchies de l'Aéronaute, sont priées de ne pas les détruire. Nous
les rachetons à des prix variant suivant la rareté et la propreté
des exemplaires.

EXHIBITION

ET CONCOURS D'APPAREILS D'AVIATION

Plus lourds que l'air

Vélodrome du Parc des Princes (du 10 au 20 octobre)

Tous les appareils se rattachant à l'aviation pourront se
présenter et concourir et seront classés suivant leur genre
dans une des trois grandes divisions suivantes :

CLASSE 1. — Hélicoptères, ou appareils empruntant leur
force ascensionnelle à l'hélice seule.

CLASSE 2. — Orthoptères, ou oiseaux artificiels, s'enlevant
au moyen d'ailes battantes.

CLASSE 3. — Aéroplanes ou appareils s'enlevant par la
seule pression de l'air sous des surfaces immobiles.

S'adresser pour renseignements à *l'Office Mondain*, 11,
Avenue de l'Opéra, (*Téléphone 239-34*).

L'AÉRONAUTE

34ᵉ ANNÉE. — N° 9 — SEPTEMBRE 1901

SOMMAIRE :

L'AÉRONAUTE PARAIT TOUS LES MOIS

RÉDACTION ET ABONNEMENTS

10, RUE DE LA PÉPINIÈRE, 10

PRIX DE L'ANNÉE COURANTE :

Un numéro : 75 centimes

PARIS : 6 FR. PAR AN. — DÉPARTEMENTS : 7 FR.
ALLEMAGNE, AUTRICHE, BELGIQUE, DANEMARK, EGYPTE, ESPAGNE
GRANDE-BRETAGNE, GRÈCE, ITALIE, LUXEMBOURG, MONTÉNÉGRO
NORVÉGE, PAYS-BAS, PORTUGAL, ROUMANIE, RUSSIE, SERBIE
SUÈDE, SUISSE, TURQUIE, TANGER, TUNIS : 8 FR.
ÉTATS-UNIS D'AMÉRIQUE : 9 FR.
BRÉSIL, MEXIQUE, PARAGUAY, PLATA ET ANTILLES : 12 FR.
CHINE, INDE, COCHINCHINE, SIAM, JAPON, AUSTRALIE, PÉROU
CHILI, BOLIVIE : 15 FR.

— CONDITIONS —

L'abonnement commence au 1er janvier

Il continue jusqu'à ce qu'on refuse le journal

Voir à la page précédente le prix des années écoulées.

Envoyer le prix de l'abonnement en un bon sur la poste au nom de M. TRIBOULET, *Architecte-Expert*

10, RUE DE LA PÉPINIÈRE, 10 (Paris 8e)

Paris 9e. — Imprimerie G. CAMPROGER, 52, rue de Provence

L'AÉRONAUTE

BULLETIN MENSUEL

ILLUSTRÉ

DE LA

SOCIÉTÉ FRANÇAISE DE
NAVIGATION AÉRIENNE

Admis dans la Bibliothèque technologique de l'Exposition universelle de 1878
Honoré d'une médaille d'argent à l'Exposition du Travail de 1885
et d'une médaille de bronze à l'Exposition de 1889
Admis à l'Exposition de Chicago

FONDÉ PAR

LE Dr ABEL HUREAU DE VILLENEUVE

Organe de la Commission du Congrès International de 1889 et 1900

34e ANNÉE, N° 11

NOVEMBRE 1901

PARIS : 6 FRANCS PAR AN. — DÉPARTEMENTS : 7 FRANCS. — UN NUMÉRO : 75 CENTIMES

RÉDACTION ET BUREAUX :

10, RUE DE LA PÉPINIÈRE, 10

PARIS

8e Arrondissement

Le comité de rédaction de l'*Aéronaute* ne se considère pas comme responsable des opinions scientifiques émises par les auteurs. Les manuscrits étant classés aux archives ne sont jamais rendus. Les travaux relatifs à l'art militaire adressés à la rédaction sont renvoyés à M. le Ministre de la Guerre, mais ne sont pas insérés.

Les anciens présidents annuels de la Société ont été : en 1872, Crocé-Spinelli ; en 1873, M. Janssen de l'Institut; en 1874, Hervé Mangon, de l'Institut, ministre des travaux publics ; en 1875, le professeur Paul Bert, de l'Institut, ministre de l'instruction publique ; en 1876. M le colonel Laussedat, de l'Institut, directeur du Conservatoire des Arts-et-Métiers ; en 1877, le vicomte de Ponton d'Amécourt ; en 1878, Hureau de Villeneuve ; en 1879, le sénateur Rampont ; en 1880. M. le colonel Ch. Renard, directeur de l'usine aéronautique militaire de Chalais-Meudon ; en 1881, Gaston Tissandier ; en 1882, David Napoli, ingénieur, chef du laboratoire des essais des chemins de fer de l'Est : en 1883, le général Perrier, de l'Institut ; en 1884, M. le professeur Marey, de l'Institut, professeur au Collège de France : en 1885, Jamin, secrétaire perpétuel de l'Académie des Sciences ; en 1886. M. Berthelot, sénateur, membre de l'Institut, ancien ministre de l'Instruction publique ; en 1887, M. Marcel Deprez, de l'Institut ; en 1888, M. Rigaut ; en 1889. E. Frémy, de l'Institut ; en 1890, M Yves Guyot, député, ancien ministre des Travaux publics ; en 1891, M. P. Touche, lieutenant-colonel de l'artillerie territoriale ; en 1892, M. Arson, chef des usines de la Compagnie parisienne du gaz ; en 1893, Spuller, sénateur, ancien ministre de l'Instruction publique ; en 1894, M. Alfred Cornu, de l'Institut ; en 1895, M. le général de division du génie Parmentier ; en 1896, M. le sénateur Paul Decauville ; en 1897. M Radau membre de l'Institut, en 1898-99. M. W. de Fonvielle, 1900 .M. Janssen membre de l'Institut

Le Bureau de la *Société française de Navigation aérienne* est ainsi constitué pour l'année 1901 :
Président d'honneur : M. le Ministre de l'Instruction publique.
Président : M. le prince Roland Bonaparte.
Vice-Présidents : MM. de Fonvielle (Wilfrid). — Mallet, constructeur aéronaute — Cassé, ingénieur. — Le comte de La Vaulx. — Le comte de Castillon de Saint-Victor.
Secrétaire général : M. L. Triboulet, architecte expert.
Secrétaires : MM. Wagner, Leloup, Rat, Houdar.
Trésorier : M. Vernanchet, artiste peintre
Archiviste : M Dumoutet, artiste peintre.
Le Conseil est formé par le bureau.
Vice-Président honoraire : M. Delpeut, avocat conseil de la Société.

Membres de la Société ayant racheté leurs cotisations :
MM. P. Bonnard, E. Cassé, Josselin, J. Leloup, E. Surcouf, Louis Triboulet.
On devient membre perpétuel par le versement d'une somme de cent cinquante francs versée par 1/3 ou en une fois.

ENTREPRISE DE TOUS
TRAVAUX DE COMPTABILITÉ
Fondée en 1850

pour **PARIS** et la **PROVINCE** — Téléphone

53 Rue de RIVOLI — PARIS

EXÉCUTION - DIRECTION - EXPERTISE

JOURNAL DU CIEL
Bulletin de la Société d'Astronomie

Prête à chacun de ses abonnés une lunette grossissant cinquante fois en diamètre.

Cour de Rohan, PARIS 6ᵉ

ABONNEMENTS : 10 fr. France et Étranger

AÉROSTATION CIVILE & MILITAIRE

BALLONS CAPTIFS A VAPEUR
ASCENSIONS - CONSTRUCTIONS
DEVIS -- ÉTUDES

Eugène GODARD
AÉRONAUTE
4, Rue Christiani (Bd. Barbès)
PARIS
18ᵉ Arrondissement

BREVETS D'INVENTION
(France Etranger)

Marques de Fabrique, Procès en contrefaçon, etc.

CASALONGA
Ingénieur-Conseil (depuis 1867)
PARIS
15, r. des Halles, 15

Propre-Directr (depuis 1878) du Journal (25 fr. par an) LA

CHRONIQUE INDUSTRIELLE
DESSINS & GRAVURES sur BOIS. CLICHÉS
Guides de l'Inventeur en chaque pays (2 fr. par Guide)

THE AERONAUTICAL JOURNAL
ILLUSTRATED

Contains all the latest news regarding

Balloons, Flying Machines, Kites
and all aërial apparatus

Published Quarterly
Price 1 shilling

King, Sell, & Railton, 4, Bolt Court
LONDON. E. C.

ACADÉMIE DE PARIS
ÉCOLE PRIMAIRE SUPÉRIEURE ET PROFESSIONNELLE
de Rambouillet (Seine-et-Oise)

L'Ecole primaire supérieure de Rambouillet, créée en 1899, est installée dans de vastes et magnifiques locaux réunissant toutes les conditions désirables au point de vue hygiénique et pédagogique.

Cet établissement, situé sur le plateau où s'élève le nouveau quartier de la ville, à proximité de la gare, du Parc, du Château et de la forêt, se compose de salles de classe bien aérées, de dortoirs spacieux, de deux ateliers de travail manuel, d'un champ d'expériences agricoles, d'un laboratoire de chimie, d'une salle de dessin, d'une grande cour complantée d'arbres, d'un beau préau couvert, etc. Le matériel d'enseignement est complet, et le mobilier des classes ainsi que celui de l'internat sont très confortables.

Pensionnat

L'Ecole reçoit des pensionnaires, des demi-pensionnaires, des externes surveillés, et des externes libres.

Le prix de la pension varie avec l'âge de l'élève.

Il est de 500 fr. pour les enfants au-dessous de 8 ans.

De 550 fr. de 8 à 11 ans.

De 600 fr. de 11 à 13 ans.

De 650 fr. pour plus de 13 ans.

S'adresser au directeur, M. THÉOCRITE, licencié ès-ciences physiques et licencié ès-ciences naturelles, officier d'Académie, à Rambouillet.

Illustrirte Aëronautische Mittheilungen

REVUE TRIMESTRIELLE ILLUSTRÉE
DE L'AÉRONAUTIQUE

Organe de la Société de navigation aérienne de Munich et de Strasbourg

PUBLIÉE AVEC LA COLLABORATION DES PRINCIPAUX SAVANTS

de l'Allemagne d'Autriche et de l'Étranger

Redigirt von

Dr. ROBERT EMDEN

Privatdocent an der technischen Hochschule in München

Redaktionsbürsaux		Kommissionsverlag
STRASSBURG 1. E. :	MÜNCHEN	VON KARL J. TRÜNNER, STRASBURG 1 B.
Kalbsgasse 3.	Schellingstrasse 107.	Münsterplatz 9.

LA
Navigation aérienne

DISCOURS

prononcé par M. Augusto SEVERO au Parlement brésilien

A l'annonce des expériences de Santos-Dumont, l'enthousiasme est indescriptible à Rio-Janeiro, jusque dans les sphères officielles.

Le Congrès des deux Chambres est pendant huit jours transformé en Congrès national d'aéronautique, et pendant plusieurs séances de véritables conférences scientifiques remplacent les discussions politiques à la tribune.

M. Serzedello Correa, rapporteur du budget, a prononcé un discours consacré tout entier aux ballons dirigeables.

M. Bueno de Paiva, député de Minas, a proposé à la Chambre des députés d'insérer au registre des procès-verbaux de ses séances un vote de félicitations à Alberto Santos-Dumont pour avoir résolu le problème de la direction des ballons.

C'est alors que M. Severo a prononcé le discours remarquable prononcé en français dans une brochure dont l'éditeur est désigné ci-dessous.

PARIS

Imprimerie G. CAMPROGER, 52, rue de Provence

Les trente-deux premières années de l'Aéronaute sont actuellement en vente aux prix suivants :

Années 1868, 1869, 1870, 1871 et 1872, chacune............ 12 »»
    Chaque livraison............................... 1 50
Années 1873, 1874, 1875, 1876, 1877, 1878, 1879, 1880, 1881, 1882,
1883, 1884, 1885, 1886, 1887, 1888, 1889, 1890, 1891, 1892, 1893,
1894, 1895, 1896, 1897 1898 1899 et 1900 chacune............ 6 »»
    Chaque livraison .... » 75
    COLLECTION COMPLÈTE, avec l'année 1900............ 200 »»
Pour la province ou l'étranger, le port en sus.

La collection de l'Aéronaute forme une véritable encyclopédie illustrée de la science aéronautique. Elle fournit tous les documents relatifs aux derniers perfectionnements, classés annuellement par ordre de matières et par noms d'auteurs.

Nous engageons nos souscripteurs, qui font relier la collection de l'Aéronaute, à recommander au relieur de conserver les couvertures bleues sur lesquelles sont imprimées les notes bibliographiques comprenant la totalité des ouvrages aéronautiques.

Les personnes qui possèdent des livraisons isolées ou défraîchies de l'Aéronaute, sont priées de ne pas les détruire. Nous les rachetons à des prix variant suivant la rareté et la propreté des exemplaires.

EXHIBITION
ET CONCOURS D'APPAREILS D'AVIATION
Plus lourds que l'air

Sous le patronage de l'Aéro-Club de France et de la Commission Internationale d'Aéronautique.

Vélodrome du Parc des Princes

AVIS

Le Concours des cerfs-volants scientifiques, qui n'a pu avoir lieu faute de vent, est remis à la première baisse barométrique un peu stable, avis en sera donné aux concurrents, sans que la date puisse dépasser le 15 décembre.

S'adresser pour renseignements à M. Frédéric Delagneau, vice-président, 11, Avenue de l'Opéra, (*Téléphone 239-34*) et à M. Surcouf Edouard, secrétaire du Comité d'organisation, 2, Avenue de la Bourdonnais. (Paris 7ᵉ arrᵗ.)

L'AÉRONAUTE

34ᵉ ANNÉE. — Nᵒ 11 — NOVEMBRE 1901

SOMMAIRE :

L'Aéronaute PARAIT TOUS LES MOIS

RÉDACTION ET ABONNEMENTS

10, RUE DE LA PÉPINIÈRE, 10

PRIX DE L'ANNÉE COURANTE :

Un numéro : 75 centimes

PARIS : 6 FR. PAR AN. — DÉPARTEMENTS : 7 FR.
ALLEMAGNE, AUTRICHE, BELGIQUE, DANEMARK, EGYPTE, ESPAGNE
GRANDE-BRETAGNE, GRÈCE, ITALIE, LUXEMBOURG, MONTÉNÉGRO
NORVÈGE, PAYS-BAS, PORTUGAL, ROUMANIE, RUSSIE, SERBIE
SUÈDE, SUISSE, TURQUIE, TANGER, TUNIS : 8 FR.
ETATS-UNIS D'AMÉRIQUE : 9 FR.
BRÉSIL, MEXIQUE, PARAGUAY, PLATA ET ANTILLES : 12 FR.
CHINE, INDE, COCHINCHINE, SIAM, JAPON, AUSTRALIE, PÉROU
CHILI, BOLIVIE : 15 FR.

— CONDITIONS —

L'abonnement commence au 1ᵉʳ janvier

Il continue jusqu'à ce qu'on refuse le journal

Voir à la page précédente le prix des années écoulées.

Envoyer le prix de l'abonnement en un bon sur la poste au nom de M. TRIBOULET, *Architecte-Expert*

10, RUE DE LA PÉPINIÈRE, 10 (Paris 8ᵉ)

Paris 9ᵉ. — Imprimerie G CAMPROGER, 52, rue de Provence

L'AÉRONAUTE

BULLETIN MENSUEL

ILLUSTRÉ

DE LA

SOCIÉTÉ FRANÇAISE DE

NAVIGATION AÉRIENNE

Admis dans la Bibliothèque technologique de l'Exposition universelle de 1878
Honoré d'une médaille d'argent à l'Exposition du Travail de 1885
et d'une médaille de bronze à l'Exposition de 1889
Admis à l'Exposition de Chicago

FONDÉ PAR

LE Dr ABEL HUREAU DE VILLENEUVE

Organe de la Commission du Congrès International de 1889 et 1900

34ᵉ ANNÉE, Nᵒ 12

DÉCEMBRE 1901

PARIS : 6 FRANCS PAR AN. — DÉPARTEMENTS : 7 FRANCS. — UN NUMÉRO   75 CENTIMES

RÉDACTION ET BUREAUX :

10, RUE DE LA PÉPINIÈRE, 10

PARIS

8ᵉ Arrondissement

Le comité de rédaction de *L'Aéronaute* ne se considère pas comme responsable des opinions scientifiques émises par les auteurs. Les manuscrits étant classés aux archives ne sont jamais rendus. Les travaux relatifs à l'art militaire adressés à la rédaction sont renvoyés à M. le Ministre de la Guerre, mais ne sont pas insérés.

———

Les anciens présidents annuels de la Société ont été : en 1872, Crocé-Spinelli ; en 1873, M. Janssen de l'Institut ; en 1874, Hervé Mangon, de l'Institut, ministre des travaux publics ; en 1875, le professeur Paul Bert, de l'Institut, ministre de l'instruction publique ; en 1876, M. le colonel Laussedat, de l'Institut, directeur du Conservatoire des Arts-et-Métiers ; en 1877, le vicomte de Ponton d'Amécourt ; en 1878, Hureau de Villeneuve ; en 1879, le sénateur Rampont ; en 1880, M. le colonel Ch. Renard, directeur de l'usine aéronautique militaire de Chalais-Meudon ; en 1881, Gaston Tissandier ; en 1882, David Napoli, ingénieur, chef du laboratoire des essais des chemins de fer de l'Est ; en 1883, le général Perrier, de l'Institut ; en 1884, M. le professeur Marey, de l'Institut, professeur au Collège de France ; en 1885, Jamin, secrétair perpétuel de l'Académie des Sciences ; en 1886, M. Berthelot, sénateur, membre de l'Institut, ancien ministre de l'Instruction publique ; en 1887, M. Marcel Deprez, de l'Institut ; en 1888, M. Rigaut ; en 1889, E. Frémy, de l'Institut ; en 1890, M Yves Guyot, député, ancien ministre des Travaux publics ; en 1891, M. P. Touche, lieutenant-colonel de l'artillerie territoriale ; en 1892, M. Arson, chef des usines de la Compagnie parisienne du gaz ; en 1893, Spuller, sénateur, ancien ministre de l'Instruction publique ; en 1894, M. Alfred Cornu, de l'Institut ; en 1895, M. le général de division du génie Parmentier ; en 1896, M. le sénateur Paul Decauville ; en 1897, M Radau membre de l'Institut, en 1898-99, M. W. de Fonvielle, 1900, M. Janssen membre de l'Institut

Le Bureau de la *Société française de Navigation aérienne* est ainsi constitué pour l'année 1901 :

Président d'honneur : M. le Ministre de l'Instruction publique.
Président : M. le prince Roland Bonaparte
Vice-Présidents : MM. de Fonvielle (Wilfrid). — Mallet, constructeur aéronaute — Cassé, ingénieur. — Le comte de La Vaulx. — Le comte de Castillon de Saint-Victor.
Secrétaire général : M. L Triboulet, architecte expert.
Secrétaires : MM. Wagner, Leloup, Rat, Houdar.
Trésorier : M. Vernanchet, artiste peintre
Archiviste : M Dumoutet, artiste peintre.
Le Conseil est formé par le bureau.
Vice-Président honoraire : M. Delpeut, avocat conseil de la Société.

———

Membres de la Société ayant racheté leurs cotisations :
MM. P. Bonnard, E. Cassé, Josselin, J. Leloup, E. Surcouf, Louis Triboulet.
On devient membre perpétuel par le versement d'une somme de cent cinquante francs versée par 1/3 ou en une fois.

Illustrirte Aëronautische Mittheilungen

REVUE TRIMESTRIELLE ILLUSTREE

DE L'AERONAUTIQUE

*Organe de la Société de navigation aérienne de Munich
et de Strasbourg*

PUBLIEE AVEC LA COLLABORATION DES PRINCIPAUX SAVANTS

de l'Allemagne d'Autriche et de l'Etranger
Redigirt von

Dr. ROBERT EMDEN

Privatdocent an der technischen Hochschule in Munchen

Redaktionsbürsaux	Kommissionsverlag
STRASSBURG 1. E.: MÜNCHEN	VON KARL J. TRUNNER, STRASBURG 1 B.
Kalbsgasse 3. Schellingstrasse. 107.	Münsterplatz 9.

LA
Navigation aérienne

DISCOURS

prononcé par M. Augusto Severo au Parlement brésilien

A l'annonce des expériences de Santos-Dumont, l'enthousiasme est indescriptible à Rio-Janeiro jusque dans les sphères officielles.

Le Congrès des deux Chambres est pendant huit jours transformé en Congrès national d'aéronautique, et pendant plusieurs séances de véritables conférences scientifiques remplacent les discussions politiques à la tribune.

M. Serzedello Correa, rapporteur du budget, a prononcé un discours consacré tout entier aux ballons dirigeables.

M. Bueno de Paiva, député de Minas, a proposé à la Chambre des députés d'insérer au registre des procès-verbaux de ses séances un vote de félicitations à Alberto Santos-Dumont pour avoir résolu le problème de la direction des ballons.

C'est alors que M. Severo a prononcé le discours remarquable prononcé en français dans une brochure dont l'éditeur est désigné ci-dessous.

PARIS
Imprimerie G. CAMPROGER, 52, rue de Provence

Les trente-deux premières années de l'Aéronaute sont actuellement en vente aux prix suivants :

Années 1868, 1869, 1870, 1871 et 1872, chacune.............. 12 »»
    Chaque livraison... 1 50
Années 1873, 1874, 1875, 1876, 1877, 1878, 1879, 1880, 1881, 1882,
  1883, 1884, 1885, 1886, 1887, 1888, 1889, 1890, 1891, 1892, 1893,
  1894, 1895, 1896, 1897 1898 1899 et 1900 chacune............ 6 »»
    Chaque livraison .... » 75
    COLLECTION COMPLÈTE, avec l'année 1900................... 200 »»
Pour la province ou l'étranger, le port en sus.

La collection de l'Aéronaute forme une véritable encyclopédie illustrée de la science aéronautique. Elle fournit tous les documents relatifs aux derniers perfectionnements, classés annuellement par ordre de matières et par noms d'auteurs.

Nous engageons nos souscripteurs, qui font relier la collection de l'Aéronaute, à recommander au relieur de conserver les couvertures bleues sur lesquelles sont imprimées les notes bibliographiques comprenant la totalité des ouvrages aéronautiques.

Les personnes qui possèdent des livraisons isolées ou défraîchies de l'Aéronaute, sont priées de ne pas les détruire. Nous les rachetons à des prix variant suivant la rareté et la propreté des exemplaires.

L'EXPOSITION DE LILLE EN 1902

Une Exposition Internationale — première du genre — sera tenue à Lille, de mai à septembre prochain.

Installée sur le Champ de Mars, ses constructions et ses jardins couvriront une superficie de 150.000 mètres carrés. Une galerie de 6.000 mètres sera réservée à la mécanique.

L'Exposition Internationale de Lille comprendra les classes suivantes :

1. Enseignement. — 2. Œuvres d'art. — 3. Arts libéraux. — 4. Mécanique générale. — 5. Électricité. — 6. Génie civil : Moyens de transport, cycles, automobiles, sports. — 7. Agriculture. — 8. Horticulture. — 9. Forêts, chasse, pêche. — 10. Produits alimentaires. — 11. Mines et métallurgie. — 12. Décoration, mobilier, et accessoires. — 13. Fils, tissus, vêtements. — 14. Industries diverses.— 15. Industrie chimique. — 16. Economie sociale. Hygiène. — 17. Colonisation. Matériel et produits d'exportation. — 18. Applications spéciales de l'alcool dénaturé à la force motrice, à l'éclairage et au chauffage.

Parmi les somités politiques et industrielles qui patronnent cette grande manifestation du travail, nous relevons les noms de M. le Préfet du Nord, de Messieurs Léon Bourgeois, Mesureur, le Président de la Chambre de Commerce de Dunkerque, les Sénateurs et Députés du Nord, l'Institut Pasteur de Lille, ainsi que de grands Industriels et Commerçants de la Région.

Nous reviendrons sur cette tentative, qui intéresse au plus haut point l'industrie et le commerce français.

Toutes les adhésions et demandes de renseignements doivent être adressées au siège de l'Aministration de l'Exposition, 35, rue Nationale, à Lille.

L'AÉRONAUTE

34ᵉ ANNÉE. — Nᵒ 12 — DÉCEMBRE 1901.

SOMMAIRE :

L'AÉRONAUTE PARAIT TOUS LES MOIS

RÉDACTION ET ABONNEMENTS

10, RUE DE LA PÉPINIÈRE, 10

PRIX DE L'ANNÉE COURANTE :

Un numéro : 75 centimes

PARIS : 6 FR. PAR AN. — DÉPARTEMENTS : 7 FR.
ALLEMAGNE, AUTRICHE, BELGIQUE, DANEMARK, EGYPTE, ESPAGNE
GRANDE-BRETAGNE, GRÈCE, ITALIE, LUXEMBOURG, MONTÉNÉGRO
NORVÈGE, PAYS-BAS, PORTUGAL, ROUMANIE, RUSSIE, SERBIE
SUÈDE, SUISSE, TURQUIE, TANGER, TUNIS : 8 FR.
ETATS-UNIS D'AMÉRIQUE : 9 FR.
BRÉSIL, MEXIQUE, PARAGUAY, PLATA ET ANTILLES : 12 FR.
CHINE, INDE, COCHINCHINE, SIAM, JAPON, AUSTRALIE, PÉROU
CHILI, BOLIVIE : 15 FR.

— CONDITIONS —

L'abonnement commence au 1ᵉʳ janvier

Il continue jusqu'à ce qu'on refuse le journal

Voir à la page précédente le prix des années écoulées.

nvoyer le prix de l'abonnement en un bon sur la poste au nom de M. TRIBOULET, *Architecte-Expert*

10, RUE DE LA PÉPINIÈRE, 10 (Paris 8ᵉ)

Paris 9ᵒ. — Imprimerie G. CAMPROGER, 52, rue de Provence